ERFOLG DURCH SELBSTBESTIMMTES LERNEN

ERFOLG DURCH SELBSTBESTIMMTES LERNEN

Der schönste Weg zu Wissen und Verständnis

Jan Höpker

Dr. Jan Höpker:
ERFOLG DURCH SELBSTBESTIMMTES LERNEN

Waldkirch, Juni 2018

Dr. Jan Höpker
Am Stadtrain 2
79183 Waldkirch
jan.hoepker@habitgym.de
www.HabitGym.de

Erste Auflage

ISBN: 9781983143335

INHALT

VORWORT

Womit verbringen wir die meiste Zeit unseres Lebens?

Schlafen? Arbeiten? Im Stau?

Falsch!

Womit wir die meiste Zeit unseres Lebens verbringen – nämlich jede einzelne Minute – ist das Lernen. Wir lernen immer, sogar während wir schlafen!

Die Frage ist nicht *ob*, sondern *wie* und *was* wir lernen!

Mit Lernen lässt sich jedes erdenkliche Ziel erreichen – zwar nicht von heute auf morgen, aber schneller als uns klar ist. Lernen gehorcht exponentiellen Wachstumsgesetzen, einer Art Zauberei, die unser Gehirn maßlos unterschätzt. Eine kaum messbare tägliche Steigerung um 1% summiert sich zu einer jährlichen Steigerung um satte 3778%. (Zugegeben, irgendwann stößt das Wachstum an Grenzen.)

Keine Angst, hier geht nicht um Mathe oder Quizz-Show-Wissen, sondern um die wirklich wichtigen Dinge im Leben:

Wohlstand ohne sich zu Tode arbeiten zu müssen.

Altersvorsorge ohne jahrzehntelang verzichten zu müssen.

Gesundheit und geistige Fitness bis ins hohe Alter.

Und nicht zuletzt: Bestnoten in Schule und Studium, ohne sich zum Affen zu machen oder die eigene Seele zu verkaufen.

Kurz, es geht nicht um die Wurst, sondern um den ganzen Grill.

Lernen ist der einzige Weg, der garantiert zum Erfolg führt – früher oder später. Bei den meisten Menschen leider später, denn in ihrer Schulzeit wurde ihnen das Lernen ordentlich vermiest. Für sie bedeutet Lernen alles, was sie nicht haben wollen: Fremdbestimmung, Angst, Stress und Langeweile. Verständlicherweise gehen sie dem Lernen konsequent aus dem Weg.

Was aber wäre, wenn Lernen in Wahrheit rein gar nichts mit dem zu tun hätte, was wir aus der Schule gewohnt sind?

Was wäre, wenn Lernen nicht nur der einzige Weg zum garantierten Erfolg wäre, sondern zugleich auch der schönste?

Gib dem Lernen eine zweite Chance …

… und dann hole dir vom Leben was du verdienst!

WAS MAN IN DIESEM BUCH LERNEN KANN

Obwohl es – außer dem Leben selbst – nichts Wertvolleres als die Fähigkeit zu lernen gibt, bringt man uns in der Schule rein gar nichts über das Lernen bei. Wir lernen jeden Blödsinn, nur nicht wie man lernt. Im

Gegenteil: Man bringt uns sogar Verhaltensweisen bei, die das Lernen regelrecht verhindern.

Zwar konnte ich mich an einigen Stellen im Buch nicht beherrschen, aber dies ist kein weiteres Buch über die Schwächen des Bildungssystems. Die Schulen und Universitäten sind wie sie sind.

Dieses Buch holt nach, was die Schule versäumt hat. Der Leser wird dazu eingeladen, darüber nachzudenken, wie Menschen bewusst und unbewusst lernen und wie das Lernen optimiert werden kann. Dabei geht es nicht darum, den Leser zu einem besseren Systemsklaven zu machen, im Gegenteil! Das Ziel ist *selbstbestimmtes* Lernen – Lernen ohne Schule, trotz Schule, neben oder nach der Schule (oder Uni).

Wenn der Leser das Lernen mit anderen Augen sieht und die Lust verspürt, sich auf eigene Faust mit einem für ihn wichtigen Thema zu beschäftigen oder eine wichtige Fähigkeit zu lernen, hat das Buch sein Ziel erreicht.

WIE DIESES BUCH AUFGEBAUT IST

Das Buch besteht aus fünf Teilen.

Der erste Teil handelt vom Sinn des Lernens. Die entscheidende Frage ist nicht, warum Menschen lernen müssen, sondern welches Wissen und welche Fähigkeiten sie in ihrem Leben wirklich weiterbringen. Interessanterweise handelt es sich dabei nicht um jene Themen, die in den Schulen und Universitäten auf den Lehrplänen stehen, sondern um Themen, die von denjenigen, die Lehrpläne erstellen, konsequent ignoriert werden.

Im zweiten Teil werden die verschiedenen Arten des Lernens vorgestellt. Sich belehren zu lassen, ist nur eine von vielen verschiedenen Arten des Lernens – und bei weitem nicht die effektivste.

Der dritte Teil handelt vom Gedächtnis. Welche Art von Wissen wird im Gedächtnis gesammelt? Wie verwandelt das Gehirn dieses Wissen selbstständig in Weisheit und Verständnis um? (Und mit welcher angenehmen Tätigkeit lässt sich dieser Vorgang beschleunigen?)

Im vierten Teil geht es um die Frage, wie sich die Erkenntnisse aus den ersten Teilen des Buches in die Praxis umsetzen lassen. Wie kann man mit möglichst wenig Aufwand große Mengen Wissen und Verständnis erwerben und dauerhaft behalten? Effektive Lernmethoden sind dazu in der Lage, die Schlechtesten eines Jahrgangs innerhalb kürzester Zeit zu den Besten des Jahrgangs zu machen.

Der fünfte und letzte Teil handelt von den Grenzen des Lernens. Was ist lernbar? Gibt es Dinge, die wir nicht lernen können, und wenn ja, welche Dinge sind das?

FÜR WEN DIESES BUCH IST

Dieses Buch richtet sich an alle, die sich in irgendeiner Form weiterentwickeln möchten und die es bevorzugen selbst zu denken, anstatt Andere für sich denken und entscheiden zu lassen.

Wenn es möglich wäre, würde ich dieses Buch meinem 20-jährigen Ich zukommen lassen, einem Menschen, der gar nichts verstand, aber glaubte, alles zu verstehen.

FÜR WEN DIESES BUCH NICHT IST

Da mir die Zeit meiner Leser heilig ist, möchte ich vermeiden, dass dieses Buch an Menschen verkauft wird, denen es keinen Nutzen bieten kann. Ungeduldige Menschen, die einfach nur schnell eine Handvoll einfacher Tipps haben wollen, um diese sofort blind auf ein Problem zu werfen, werden mit diesem Buch keine Freude haben (und ihr Problem wird sich auf diese Weise auch nicht lösen lassen).

ÜBER MICH

Ich schreibe dieses Buch im Alter von 37 Jahren. Nachdem ich Chemie studiert und meinen Doktor gemacht hatte, beschäftigte ich mich ausgiebig mit verschiedenen Themen, bei denen es letztlich darum geht, wie das Leben des Menschen funktioniert und wie man es verbessern kann: Gewohnheiten, Motivation, Fokus & Konzentration, Lernen, Selbstmanagement usw.

2015 habe ich die Webseite HabitGym (https://www.HabitGym.de) gegründet. *Erfolg durch selbstbestimmtes Lernen* ist mein drittes Buch.

EINLEITUNG

„The more you learn, the more you earn."

Warren Buffett

„Eine Investition in Wissen
bringt immer noch die besten Zinsen."

Benjamin Franklin

Beim Wandern kommst du an einem einsamen Strand vorbei. In der Brandung findest du eine alte Lampe, in der ein Flaschengeist wohnt. Du darfst dir etwas wünschen, und der Geist muss deinen Wunsch wahr werden lassen. Die meisten Menschen würden sich am liebsten wünschen, dass der Geist zu einem ständigen Begleiter wird, der ihnen bis in alle Ewigkeit alle möglichen Wünsche erfüllt. Aber da der Geist nicht dumm ist, lehnt er diesen Wunsch ab.

Was wünschst du dir?

Die Frage ist, ob der Geist irgendwie überlistet werden kann. Ist es möglich, aus einem einzigen Wunsch viele weitere Wünsche zu machen? Es gibt diese Möglichkeit. Was man sich wünschen sollte, ist die Fähigkeit, sehr schnell lernen zu können. Denn wer sehr schnell lernt, kann sich schnell viele neue Fähigkeiten aneignen, und mit diesen neuen Fähigkeiten kann er sich alle möglichen Wünsche selbst erfüllen.

Du kommst an einem Laden vorbei, der erst gestern von Google eröffnet wurde. Ein Laden von Google? Du wirst neugierig und betrittst den fast leeren Raum durch eine automatische Schiebetür aus Glas. Wie sich herausstellt, hat Google ein neues Produkt auf den Markt gebracht, das aus gutem Grund nicht per Post verschickt, sondern nur an physisch präsente Kunden übergeben werden kann: Das Produkt muss in den Kopf implantiert werden. Wer den minimalinvasiven und komplett kostenlosen Eingriff durchführen lässt, wird nie wieder aktiv googeln müssen, denn das Implantat wird die jeweils aktuelle Lebenssituation des Implantatträgers automatisch und in Echtzeit erkennen und die in dieser Situation nützlichsten Informationen in Form von Gedanken direkt in das Bewusstsein einspeisen.

Als Träger des Implantats hätte man zwar keinen freien Willen, so der freundliche Verkäufer, aber der sogenannte freie Wille sei sowieso nur eine Illusion. Ein Gehirn ohne Implantat würde prinzipiell genau wie ein Gehirn mit Implantat funktionieren. Der einzige Unterschied bestünde darin, dass die Gedanken im einen Fall aus dem Unterbewusstsein stammten, während sie im anderen Fall vom Implantat erzeugt würden. Die Illusion des freien Willens bliebe erhalten. Man habe nichts zu verlieren aber viel zu gewinnen. Durch das Implantat würde das Gehirn deutlich effektiver, denn aufgrund der Vernetzung aller von Menschen getragenen Implantate könnten sehr viel mehr Erfahrungen verarbeitet werden, als das Gehirn eines einzelnen Menschen im Laufe eines Lebens sammeln kann. Die große Stärke des Implantats sei, dass es auch solche Informationen liefert, nach denen man ohne Implantat niemals fragen würde, einfach weil man gar nicht auf die Idee käme, dass es diese Informationen überhaupt gibt. Der IQ jedes Implantatträgers läge weit oberhalb des IQ von Genies wie Stephen Hawking und Albert Einstein.

Als Träger des Implantats könntest du aus jeder Lebenssituation den maximalen Nutzen ziehen und du würdest nie wieder vermeidbare Fehler machen, die dich Zeit und Nerven kosten. Du müsstest daher auch keine Angst mehr vor Fehlern haben. Dein Kontostand würde genauso profitieren wie deine Lebenserwartung und deine Gesundheit.

Willst du das Implantat haben?

Die Entscheidung wird dadurch erschwert, dass unklar ist, wie die anderen 7,5 Milliarden Menschen entscheiden. Will ich ohne ein solches Implantat in einer Welt leben, in der alle anderen ein Implantat tragen? Ich würde ständig den Kürzeren ziehen. Was würden all die superintelligenten Cyborgs mit mir anstellen? Wären sie mir freundlich gesonnen oder würden sie gnadenlos über meine Schwächen herfallen? Obwohl das Implantat kostenlos ist, scheint der Preis hoch zu sein: Man würde seine Individualität verlieren.

Zum Glück müssen wir diese Entscheidung nicht treffen. Völlig aus der Luft gegriffen ist sie aber nicht, denn Google sieht seine Mission tatsächlich darin, den Menschen in jeder Lebenssituation spontan die passenden Informationen zu liefern, ohne dass eine aktive Suche stattfinden muss.

Die beiden kurzen Geschichten sollen verdeutlichen, was wir Menschen im Alltag meist nicht auf dem Schirm haben: Lernen ist eine der mächtigsten Fähigkeit, die ein Mensch besitzt. Je effektiver wir lernen, umso mehr profitieren wir. Lernen zu lernen, ist vermutlich die eine Sache, die langfristig betrachtet den größten positiven Einfluss auf unser Leben hat. Die zweite Geschichte zeigt außerdem, dass wir lieber aus eigener schmerzhafter Erfahrung lernen, als wohlbehütet in einem goldenen Käfig gefangen zu sein.

Ich möchte dazu einladen, der Frage nachzugehen, ob und wie wir in den Genuss der Vorzüge des Google-Implantats gelangen können, ohne dafür mit dem Nachteil der Unfreiheit bezahlen zu müssen. Wie lassen sich Selbstbestimmung und effektives Lernen miteinander kombinieren? Dabei geht es nicht so sehr um die Frage, wie man erfolgreich einige Tage oder Wochen lang auf eine Prüfung oder Klausur lernt, um das Gelernte anschließend wieder zu vergessen. Worum es geht, ist eine möglichst steile *lebenslange* Lernkurve.

VIER GUTE GRÜNDE SELBSTBESTIMMT ZU LERNEN

Noch im vorletzten Jahrhundert vergingen Jahrzehnte, ehe eine neue Technologie den Alltag der breiten Bevölkerung bestimmte. Heute vollzieht sich der Wandel in Wochen bis Monaten. Die Zeiten ändern sich immer schneller – und damit auch die Regeln.

In den folgenden Abschnitten werden vier junge Entwicklungen vorgestellt, die zeigen, dass die Regeln für das Lernen gerade neu geschrieben werden.

FLEISSIGE FACHIDIOTEN HABEN AUSGEDIENT

Die fünf Unternehmen mit dem höchsten Börsenwert heißen Apple, Google, Microsoft, Amazon und Facebook. Für ihren Weg an die Spitze haben sie nur wenige Jahre gebraucht. Sie alle haben bei null angefangen. Die Mission dieser rasant wachsenden Unternehmen ist die Digitalisierung und Automatisierung des Planeten Erde. Künstliche Intelligenzen (KIs) und Maschinen übernehmen immer mehr Routinetätigkeiten. Ganze Berufe wie zum Beispiel Taxifahrer, Reisebüromitarbeiter und Kassierer sind bereits am Aussterben. Die Maschinen werden rasant besser. Nach und nach werden sie auch solche Tätigkeiten übernehmen, von denen die meisten Menschen noch vor wenigen Jahren glaubten, dass sie niemals von Maschinen erledigt werden könnten: Forschung, Beratung und viele weitere. Was vorerst für uns Menschen übrig bleiben wird, sind Tätigkeiten, die Kreativität, Intuition und Empathie erfordern, sowie Tätigkeiten, die zu selten vorkommen, als dass es sich lohnen würde, sie zu automatisieren.

Es ist wichtig, zwischen Jobs und Tätigkeiten zu unterscheiden. Die Maschinen werden nicht so bald sämtliche Jobs übernehmen, sondern Teile der Tätigkeiten innerhalb der Jobs. Leider werden das insbesondere diejenigen Tätigkeiten sein, die von Arbeitern aus Fleisch und Blut als angenehm empfunden werden, weil man schnell sichtbare Ergebnisse erzielt, ohne viel nachdenken zu müssen.

Von Menschen durchgeführte Fleißarbeit wird weitgehend aussterben. Unter Fleißarbeit verstehe ich eine körperliche oder geistige Routinetätigkeit, die man einmal lernt und dann immer wieder auf die gleiche Art und Weise durchführen kann, ohne die Durchführung hinterfragen oder anpassen zu müssen. In Zukunft wird es immer schwieriger werden, beruflichen Erfolg auf Fleiß aufzubauen, denn immer mehr Fleißarbeiten werden von KIs und Maschinen deutlich schneller und günstiger erledigt werden können. An die Stelle von Fleiß wird eine andere Erfolgstugend treten: das Lernen.

Wer in Zukunft erfolgreich sein möchte, muss schnell aus eigener und fremder Erfahrung lernen können und dazu in der Lage sein, sich an die sich rasch ändernden Bedingungen anzupassen. Ob es sich um eine utopische (positive) oder dystopische (negative) Zukunftsvision handelt, hängt letztlich davon ab, wie gut man auf die schöne neue Welt vorbereitet ist. Auch in Zukunft wird es noch viele Aufgaben geben, in denen der Mensch die Nase vorne haben kann. Die Zukunft wird denen gehören, die bereit und in der Lage sind, kontinuierlich zu lernen. Wer glaubt, klug auf die Welt gekommen zu sein oder ausgelernt zu haben, wird die Welt schon bald nicht mehr verstehen können.

Wer ist dafür verantwortlich, dass wir all das Wissen und die Fähigkeiten erwerben, die wir für eine gute Zukunft brauchen? Niemand wird kommen und uns retten! Vom Staat ist keine Hilfe zu erwarten, im Gegenteil. Vom stattlichen Bildungssystem in seiner derzeitigen Form werden die notwendigen Fähigkeiten nicht nur nicht gefördert, sondern sabotiert (später mehr dazu). Die gute Nachricht ist, dass wir von Geburt an mit einem Gehirn ausgestattet sind, das all das Wissen und die Fähigkeiten lernen kann. Wir müssen es nur zulassen. Die Verantwortung liegt bei jedem Einzelnen selbst.

UNWISSENHEIT WIRD SYSTEMATISCH AUSGENUTZT

Schon seit über hundert Jahren ist es gang und gäbe, die Menschen mit Hilfe von Werbung zu Konsumenten zu machen. Dabei funktioniert die Werbung in alten Medien wie TV und Zeitschriften grundlegend anders als die Werbung im Internet. Im Fernsehen etwa wird die Werbung einfach mit der Gießkanne über allen Zuschauern ausgeschüttet. Männer sehen Werbung für Damenbinden und Frauen sehen Werbung für Rasierapparate. Da die Werbespots in Blöcken von vorhersehbarer Länge ausgestrahlt werden, schauen viele Menschen gar nicht zu. Sie gehen auf die Toilette oder zum Kühlschrank, oder sie zücken ihr Smartphone. Um die Zuschauer dazu zu bringen, sich doch hin und wieder die Werbung anzusehen, sind Werbebotschaften zumindest ein wenig unterhaltsam und manchmal auch lustig. Wirklich effektiv sind sie aber nicht. Das Ziel von TV-Werbung besteht darin, Marken aufzubauen und diese in den Köpfen der Menschen zu festigen. Nachdem ein Mensch in der Werbung dutzende Male mit einer bestimmten Marke konfrontiert wurde, wird er diese Marke beim Einkaufen mit einer bestimmten Wahrscheinlichkeit bevorzugen. Er kauft das Markenprodukt anstelle eines anderen Produktes. Eines gelingt der TV-Werbung in aller Regel nicht: die Menschen dazu zu bringen, sofort vom Sofa aufzuspringen und zum nächsten Supermarkt zu rennen, um sich das beworbene Produkt zu kaufen.

Im Internet ist alles anders. Intelligente Algorithmen, die Zugriff auf gesammelte Daten haben, ermächtigen die Werbetreibenden dazu, maßgeschneiderte Werbebotschaften gezielt nur an diejenigen Personen auszuspielen, bei denen sie auf Resonanz stoßen werden. Und da sich der Erfolg einzelner Werbebotschaften einfach messen lässt, kann die Effektivität von Onlinewerbung durch Optimierung auf die Spitze getrieben werden. Im Gegensatz zur Offline-Werbung ist Onlinewerbung durchaus dazu in der Lage, einen Menschen dazu zu bringen, sofort das beworbene Produkt im Onlineshop zu bestellen. Dabei wird es sich um ein Produkt handeln, von dem der Mensch glaubt, dass er es schon immer haben wollte. Tatsächlich werden die auf diesem Wege erworbenen Produkte häufig zurückgeschickt, oder sie landen unbenutzt im Schrank oder Regal.

Warum lassen sich Menschen dazu verleiten, Dinge zu kaufen, die sie im Endeffekt doch nicht nutzen? Weil sie glauben, nützliche Dinge zu kaufen, während sie in Wahrheit überteuerte Dienstleistungen kaufen. Die Produkte erfüllen durchaus einen Zweck, nur eben anders als gedacht. Negative Gefühle weisen uns auf ungestillte Bedürfnisse hin und fordern uns zu Handlungen auf. Wer sich einsam fühlt, sollte sich unter Menschen begeben, um sich mit ihnen zu verbinden. Viele Menschen wählen jedoch einen anderen Weg. Ihr Gehirn hat gelernt, dass sie sich nach dem Kauf bestimmter Konsumgüter vorübergehend weniger einsam fühlen. Wenn sie sich einsam fühlen, gehen sie daher nicht unter Menschen, sondern sie kaufen sich das siebenundachtzigste Paar Schuhe. Sie kaufen die Schuhe nicht der Schuhe wegen, sondern weil ihnen der Kauf der Schuhe den Dienst leistet, ihr Gefühl von Einsamkeit kurzzeitig zum Verschwinden zu bringen. Sie sind sich dessen aber nicht bewusst.

Die Werbung wird immer besser darin, diese menschliche Schwäche systematisch auszunutzen. Sie wendet sich gezielt an Menschen mit bestimmten Bedürfnissen und aktiviert deren Gefühle, um im letzten Schritt eine Lösung anzubieten: das Produkt. Natürlich sind nicht alle Produkte schlecht, aber die Menschen kaufen sie immer häufiger aus den falschen Gründen. Das grundlegende Problem ist, dass viele Menschen nicht mehr wissen was sie wirklich wollen und brauchen und wie man bestimmte Bedürfnisse effektiv befriedigt. Was ihnen fehlt ist Selbstbewusstsein. Was ist Selbstbewusstsein? Selbstbewusstsein bedeutet, zu wissen, was man tut und was vor sich geht, anstatt sich von seinen Launen und Gefühlen leiten zu lassen. Selbstbewusstsein basiert auf Wissen über sich selbst und die Situationen, in denen man sich regelmäßig befindet. Da wir über unsere Gefühle ferngesteuert werden können, ist (Selbst)Bewusstheit der einzige Zustand, in dem wir selbstbestimmt entscheiden können.

Der wirksamste Schutz vor Manipulation wäre nicht manipulierbar zu sein, aber Menschen haben immer irgendwelche Bedürfnisse an denen die Manipulation ansetzen kann. Niemand ist völlig immun gegen Manipulation. Der zweitbeste Schutz gegen Manipulation besteht darin, seine eigenen Schwachstellen und die Waffen der Gegner zu studieren. Dies zu tun ist möglich und heute wichtiger denn je.

DIE SCHULE HAT VERSAGT

Nehmen wir einmal an, dass ich meine Arbeit in beliebiger Menge für 50 Euro pro Stunde (netto) verkaufen kann. Meine Wohnung putze ich selbst, obwohl ich für diese zweistündige Arbeit eine Putzhilfe einstellen könnte, die mich 15 Euro pro Stunde (brutto) kosten würde.

Wie viel Geld kostet es mich, selbst zu putzen?

Viele Menschen glauben, dass mich das Putzen gar nichts kostet, weil ich mich nicht selbst bezahle. Das ist falsch! Schauen wir uns die zwei Stunden, in denen meine Wohnung sauber wird, einmal genauer an und vergleichen wir zwei Szenarien. Im ersten Szenario putze ich meine Wohnung selbst. Am Ende der zwei Stunden besitze ich genauso viel Geld wie vorher. Im zweiten Szenario gehe ich zwei Stunden lang meiner regulären Arbeit nach, während sich eine Putzhilfe um meine Wohnung kümmert. Am Ende der zwei Stunden habe ich 100 Euro verdient, von denen ich 30 Euro an die Putzhilfe abgebe, sodass ich 70 Euro mehr besitze als im ersten Szenario. Selbst zu putzen kostet mich 70 Euro an *Opportunitätskosten*. Das Konzept der Opportunitätskosten ist eines der wichtigsten Erfolgskonzepte überhaupt, und es gilt nicht nur für Geld, sondern auch für andere Währungen, wie zum Beispiel Lebenszeit und Energie. Viele vermeintlich sparsame Menschen sind bei den Opportunitätskosten sehr verschwenderisch.

Ist die Schule gut oder schlecht?

Auf der einen Seite scheint die Schule sinnvoll zu sein, denn die jungen Menschen sind nachweislich gebildeter, nachdem sie die Schule erfolgreich beendet haben. Zum Beispiel haben sie Lesen, Schreiben und Rechnen gelernt. Auf der anderen Seite sind zwischen dem ersten und letzten Schultag einige Jahre vergangen, und das Konzept der Opportunitätskosten zwingt uns dazu, die Frage zu stellen, was die Schüler während dieser Zeit gelernt hätten, wenn sie nicht zur Schule gegangen wären. Da es in Deutschland eine allgemeine Schulpflicht gibt, existieren nur wenige Menschen, die keine Schule besucht haben.

Einer dieser seltenen Menschen ist Moritz Neubronner. Der Bremer erhielt einige mediale Aufmerksamkeit, weil er 2015 die Abiturprüfung bestand, obwohl er jahrelang keine Schule von innen gesehen und auch anderweitig keinen Unterricht erhalten hatte. Moritz und sein jüngerer Bruder Thomas lernten jahrelang komplett in Eigenregie und auch nur solche Themen, für die sie sich wirklich interessierten. Eines Tages kamen sie zu der Erkenntnis, dass es sinnvoll wäre, einen Schulabschluss zu haben. Sie meldeten sich zunächst für die Hauptschulabschlussprüfung an und lernten rund drei Monaten lang. Sie bestanden mit 1,4 (Moritz) und einer glatten 1,0 (Thomas). Die Abiturprüfung schaffte Moritz auf die gleiche Weise mit einem Notendurchschnitt von 2,5. (Thomas hatte sich zum Zeitpunkt der Recherche an diesem Buch noch nicht am Abitur versucht.)

Weil vergleichbare Lebenswege viel zu selten sind, kann man nicht mit Sicherheit sagen, ob die Neubronners Genies sind, oder ob ihr Erfolg von vornherein zu erwarten war. Meiner Meinung nach zeigt diese Geschichte, dass wir in der Schule keine prüfungsrelevanten Dinge beigebracht bekommen, die wir uns nicht auch selbst aneignen könnten – möglicherweise in deutlich kürzerer Zeit. Am erstaunlichsten finde ich, dass sich die Brüder eigenverantwortlich und ohne äußeren Druck für Prüfungen angemeldet und selbstständig dafür gelernt haben. Dieses Verhalten lässt vermuten, dass man nicht nur den Schulstoff ohne Schule lernen kann, sondern auch Fähigkeiten wie Selbstverantwortung und Frustrationstoleranz.

Was auf den ersten Blick nach einem Unentschieden aussehen mag, erweist sich als klarer Sieg für die Neubronners und somit als Niederlage für die Schule. Im Gegensatz zu den normalen Schülern haben die Brüder nämlich gelernt, selbstständig und eigenverantwortlich zu lernen. Dies ist ein großer Vorteil, denn die Notwendigkeit zu lernen hört mit dem Bestehen der Abschlussprüfung nicht einfach auf. Wer erfolgreich sein möchte, muss ein Leben lang weiter lernen – als Schüler des Lebens. Es ist zu erwarten, dass die Neubronners nach dem bestandenen Abitur genauso weiter lernen werden wie davor, denn sie haben Lerngewohnheiten gebildet und diese in ihr Leben integriert. Bei den regulären Schulabgängern sieht es sehr wahrscheinlich anders aus. Viele von ihnen haben nur gelernt weil sie mussten, und einigen von ihnen wird die Lust am Lernen dabei gänzlich vergangen sein.

Unser Schulsystem stammt aus einer Zeit, als die Gesellschaft keine selbstbestimmten Persönlichkeiten, sondern fleißige Fabrikarbeiter und gehorsame Soldaten für die Armee brauchte. Neben ein paar wenigen grundlegenden Fähigkeiten, wie zum Beispiel Lesen, Schreiben und Rechnen, musste die Schule vor allem Fleiß und Gehorsam vermitteln. Das Schulsystem bringt auch heute noch reihenweise Menschen hervor, die nicht mehr wissen, was sie selbst wollen und brauchen, und die daher darauf angewiesen sind, dass man ihnen sagt, was sie tun sollen. Das Schulsystem produziert Menschen, die nicht dazu in der Lage sind, sich selbst Aufgaben zu stellen.

Immer mehr Menschen erkennen, dass das staatliche Bildungssystem nicht mehr zeitgemäß ist. Trotzdem dürfen wir nicht erwarten, dass sich das System von innen heraus runderneuert, und auch die verantwortlichen Politiker werden in absehbarer Zeit keine radikale Veränderung anstoßen. Würde es den Verantwortlichen darum gehen, die Effektivität des deutschen Schulsystems zu verbessern, dann wäre eine ganz bestimmte erwiesenermaßen hocheffektive und leicht umsetzbare Maßnahme schon längst umgesetzt worden. Es ist allgemein bekannt, dass die Schule in Deutschland morgens viel zu früh beginnt. Man weiß, dass die Leistungen der Schüler deutlich besser wären, wenn man den Schulbeginn um etwa eine Stunde verschieben würde. Betroffen sind insbesondere die Schüler in der Pubertät (später mehr dazu). Von allen möglichen Veränderungen wäre eine Verlegung des Schulbeginns vermutlich die am einfachsten umsetzbare Maßnahme. Dass der Schulbeginn trotz dieses Wissens nicht verschoben wird, liegt vermutlich daran, dass die Schule in unserem System nicht allein die Aufgabe hat, gute Schüler zu produzieren, sondern auch dafür Sorge tragen muss, dass die Schüler während der Arbeitszeiten der Eltern betreut werden.

Was kann man tun, um nicht unter die Räder des maroden Systems zu kommen? Man muss seine Bildung in die eigenen Hände nehmen und darf sich nicht komplett vom staatlichen Bildungssystem abhängig machen. Ein entscheidender Schritt besteht darin, den wahren Nutzen von Bildung vom vermuteten Status-Nutzen zu trennen. Die eigene Bildung in die eigenen Hände zu nehmen, bedeutet, eine Antwort auf die Frage zu finden, von welchem Wissen und welchen Fähigkeiten ein erfolgreiches Leben wirklich abhängt, und auf Bewertungen im Allgemeinen und Noten im Speziellen zu pfeifen! Noten sind nicht komplett unwichtig, aber sie sind weit weniger wichtig, als die meisten Menschen glauben. Viele Arbeitgeber sind längst dazu übergegangen, bei Bewerbern nicht mehr auf die Noten, sondern auf andere Indikatoren zu schauen, und sogar die Universitäten machen den Zutritt zu bestimmten Studiengängen, wie zum Beispiel Medizin, immer weniger von der Abiturnote abhängig. Gute Noten korrelieren weit weniger mit Erfolgseigenschaften, als mit einer guten Anpassungsfähigkeit. Die besten Noten haben meist jene Schüler, die ihre eigenen Wünsche zurückstellen können, um das zu tun, was von ihnen verlangt wird. Sie haben Angst davor, sich zu verweigern oder wollen sich mit ihrer Strebsamkeit den sozialen Status erkaufen, den sie sich von guten Noten versprechen. Doch immer mehr Menschen erkennen, dass gute Noten kaum etwas aussagen. Die Zeiten haben sich geändert. In den letzten Jahrzehnten wurden einige der erfolgreichsten und wertvollsten Unternehmen der Welt von Studienabbrechern gegründet (zum Beispiel Microsoft, Dell, Apple etc.). Das Leben belohnt nicht mehr gute Noten, sondern bestimmte Fähigkeiten. Die meisten dieser Fähigkeiten werden in der Schule nicht nur nicht benotet, sondern gar nicht erst unterrichtet. Um in den Genuss dieser Fähigkeiten zu kommen, muss man die Bildung in die eigenen Hände nehmen und bereit sein, ein Leben lang selbstbestimmt zu lernen.

BEI DER ALTERSVORSORGE GEHT ES NICHT NUR UM GELD

Da die Bevölkerung zunehmend älter wird, fällt die staatliche Rente immer bescheidener aus. Man hat sich über die letzten Jahre und Jahrzehnte an einen bestimmten Lebensstil gewöhnt, und von einem auf den anderen Tag brechen die Einnahmen weg – nicht unerwartet aber drastisch. Für viele Rentner, insbesondere alleinstehende Frauen, die in jungen Jahren Kinder großgezogen, anstatt sozialversicherungspflichtig gearbeitet haben, reicht die Rente nicht einmal mehr aus, um das Grundbedürfnis nach sozialen Kontakten zu befriedigen. Aufgrund der zum Teil extrem hohen Preise des öffentlichen Nah- und Fernverkehrs, und weil sie im Alter nicht mehr gut zu Fuß sind, vereinsamen viele alte Menschen. Sie können es sich nicht leisten, ihre Freunde und Bekannte zu besuchen oder Orte aufzusuchen, an denen sich neue Bekanntschaften ergeben könnten. Zu viele dieser Menschen wollen niemandem unter die Augen treten weil sie sich für ihre Armut schämen.

Um Altersarmut zu verhindern, müssten junge Menschen auch privat vorsorgen, doch oft legen diese gar kein Geld für später zurück, weil sie ganz andere Probleme haben, wie zum Beispiel befristete Arbeitsverhältnisse, oder weil die psychologische Distanz zu ihrem zukünftigen Ich unüberwindbar groß ist. Das zukünftige Ich erscheint vielen jungen Menschen wie eine fremde Person. Warum sollte ich jetzt noch mehr von meinem ohnehin schon knappen Geld abgeben, damit eine gefühlt fremde Person Jahrzehnte später vielleicht davon profitieren kann? Das steigende Misstrauen in das Banken- und Finanzsystem dürfte ebenfalls dazu beitragen, dass die private Altersvorsorge auf die lange Bank geschoben wird.

Interessanterweise gibt es einen Weg der Altersvorsorge, der kein Geld kosten muss, und bei dem man nicht erst nach Jahrzehnten in den Genuss der reifen Früchte kommt, sondern sofort. Dieser Weg kann die finanzielle Altersvorsorge nicht komplett ersetzen, aber er kann sie ergänzen. Es geht darum, in die eigene Bildung zu investieren. Lernen wirkt sich positiv auf den Kontostand aus. Die Bildungsrendite liegt deutlich über den Renditen am Kapitalmarkt. Die Unternehmensberatung McKinsey gibt die Bildungsrendite für frühkindliche Bildung mit 12% an, während es ein akademisches Studium auf 8% bringt. Je früher investiert wird, umso höher ist die Rendite. Das Institut der Deutschen Wirtschaft (IW) kommt sogar auf leicht höhere Zahlen. Die FAZ bezeichnet Bildung als die Geldanlage mit der höchsten Rendite und empfiehlt die Investition in die eigene Person als das sicherste Fundament für den Aufbau der privaten Altersvorsorge. Bei den oben genannten Zahlen handelt es sich um Durchschnittswerte, und sie beziehen sich auf staatliche Bildungsinvestitionen. Da der Staat das Geld mit der Gießkanne verteilt, geht hier und dort fast zwangsläufig etwas daneben. Als Einzelperson kann man deutlich effektiver investieren, nicht zuletzt weil man eine Option hat, die der Staat nicht hat: Anstelle von Geld kann man auch Zeit investieren. Obwohl Bildung bares Geld wert ist, muss sie kein Geld kosten. Dass man als Einzelperson deutlich höhere Bildungsrenditen erwarten kann, hat noch einen weiteren Grund: Bis zum Renteneintritt profitieren Staat und Individuum gleichermaßen von einer höheren Bildung. Das Individuum bezieht ein höheres Gehalt, und der Staat kassiert höhere Steuern. Nach dem Renteneintritt ändern sich die Verhältnisse, was daran liegt, dass eine höhere Bildung mit einer höheren Lebenserwartung einhergeht. Während sich eine höhere Lebenserwartung aus staatlicher Sicht negativ auf die Bildungsrendite auswirkt (je älter ein Mensch wird, umso mehr Geld muss der Staat für seine Rente ausgeben), wirkt sie sich aus Sicht des Individuums positiv aus: Unterm Strich erhält es mehr Geld ausgezahlt und kann über einen längeren Zeitraum von

seiner Bildung profitieren. Die Renditen für private Bildungsinvestitionen könnten bei 15% und mehr liegen. Durch den Zinseszinseffekt kommt da schnell ein Vermögen zusammen.
Die Frage ist, wie genau sich eine höhere Bildung positiv auf den Kontostand auswirkt. Hier sind mindestens drei Mechanismen im Spiel:

(1) Wer besser gebildet ist, verdient im Durchschnitt mehr Geld.
(2) Wer besser gebildet ist, kann meist besser mit Geld umgehen.
(3) Wer besser gebildet ist, kann besser mit wenig Geld auskommen.

Bis vor kurzem waren insbesondere in Deutschland nur formelle Abschlüsse und Zertifikate von direkt messbarem Wert. Wenn man kein offizielles Dokument vorweisen konnte, auf dem geschrieben stand, dass man eine bestimmte Fähigkeit erworben hatte, dann besaß man diese Fähigkeit für den Arbeitgeber nicht. Punkt. Diese Einstellung war nachvollziehbar, aber die breite Bevölkerung hatte darunter zu leiden, denn Bildungsbemühungen, die nicht zu einem Zertifikat führten, wurden als wertlos degradiert. Die Menschen wurden demotiviert, Fähigkeiten zu erwerben, die ihre Arbeitgeber nicht interessierten.

Aus Sicht des Einzelnen steht nicht nur Geld auf dem Spiel. Für eine Privatperson, die viele Fähigkeiten hat, hat ein bestimmter Geldbetrag einen höheren Wert als für jemanden, der sämtliche Fähigkeiten einkaufen muss, weil er selbst wenig kann. Reichtum und Armut lassen sich daher nicht nur an bestimmten Geldbeträgen festmachen. Für unsere eigene Arbeit bekommen wir den niedrigen Nettolohn ausgezahlt, aber für die Arbeitsleistung von anderen Menschen müssen wir den deutlich höheren Bruttolohn bezahlen. Aufgrund von Steuern und Lohnnebenkosten ist letzterer um ein Vielfaches höher. Um eine kleine Reparatur am Haus oder Auto bezahlen zu können, muss ein Durchschnittsverdiener mitunter mehrere Tage lang selbst arbeiten. Wenn man wüsste wie es geht, könnte man die Reparatur an einem Samstagvormittag selbst durchführen. Wer alle Dienstleistungen einkaufen muss, verpasst außerdem noch das erfüllende Gefühl, das damit einhergeht, etwas selbst geschafft zu haben. Selbermachen macht glücklich. Und wenn ich kleine Reparaturen am Haus oder Auto selbst durchführen kann, dann kann ich auch meinem Nachbarn bei seinem Haus oder Auto helfen, und im Gegenzug hilft er mir bei einer anderen Sache. Viele Menschen glauben, Geld wäre eine effiziente Tausch- und Speicherform für geleistete Arbeit. Das stimmt nicht! In Wahrheit ist Geld höchst ineffizient, was auch der Grund sein könnte, warum Menschen mit Geld geizen, anderen aber gerne ihre Zeit schenken. Es ist deutlich effizienter, geleistete Arbeit nicht in Form von Geld, sondern in Form von Gefälligkeiten und in zwischenmenschlichen Beziehungen zu speichern. Außerdem fühlt es sich für alle Beteiligten besser an. Um dieses Spiel spielen zu können, braucht man allerdings Fähigkeiten, die für andere Menschen wertvoll sind.

Es gibt Dinge, die man für kein Geld der Welt kaufen, sondern nur mit bestimmten Fähigkeiten erreichen kann. Man kann für kein Geld der Welt echte Freunde kaufen, aber sich mit bestimmten Fähigkeiten ein erfüllendes soziales Umfeld aufbauen. Auch die eigene Gesundheit lässt sich nicht delegieren, nicht zuletzt deshalb, weil kein Mensch so sehr an unserer Gesundheit interessiert ist, wie wir selbst.

Bildung wirkt sich nicht nur positiv auf den Kontostand aus, sondern auch auf die Gesundheit und Lebenserwartung. Dabei geht es nicht um ein paar Tage oder Wochen, sondern um Jahre und Jahrzehnte. Die Süddeutsche Zeitung berichtete, dass die Bewohner der ärmsten Regionen in den USA im Durchschnitt 20 Jahre früher sterben als die Bewohner der Speckgürtel des Landes. Ein 45-jähriger Deutscher mit Abitur kann erwarten 5,3 Jahre später zu sterben als ein 45-jähriger Deutscher, der nur einen Hauptschulabschluss oder gar keinen Schulabschluss hat.

Warum sind gebildete Menschen gesünder, und warum leben sie länger als die weniger gebildeten Menschen? Studien zu diesem Thema weisen darauf hin, dass hier zwei Mechanismen am Werke sind: Nur zur Hälfte lässt sich die gesundheitliche Ungleichheit durch das Gesundheitsverhalten erklären. Weniger gebildete Menschen rauchen häufiger, ernähren sich schlechter und sie bewegen sich seltener. Bedingt durch dieses Verhalten unterliegen sie einem höheren Risiko für Herz-Kreislauf-

Erkrankungen, Diabetes und Adipositas (Fettleibigkeit). Die andere Hälfte der gesundheitlichen Ungleichheit ist eine direkte Folge der schlechteren Lebensbedingungen. Wer weniger gebildet ist, hat weniger Geld zur Verfügung und wohnt daher wahrscheinlich unter schlechteren Bedingungen. Die Belastung durch Lärm ist höher, und es müssen längere und stressigere Arbeitswege in Kauf genommen werden.

Es ist wichtig zu verstehen, dass es hier nicht nur darum geht, ob diese Menschen *wissen*, welches Verhalten gesund und welches Verhalten ungesund ist, sondern auch darum, ob sie ihr Wissen praktisch umsetzen können. Fast alle Raucher wissen, dass Rauchen ungesund ist, aber nicht jeder Raucher weiß, welche Abgewöhnungsstrategie am besten ist, und noch weniger haben einen ausreichend starken sozialen Rückenwind, um das Rauchen erfolgreich aufgeben zu können und zu wollen. Unser Wille basiert nicht auf Zahlen, Daten und Fakten. Was wir wollen, wird zu großen Teilen von unserem sozialen Umfeld bestimmt.

Wie sehr man von Bildung profitiert, hängt stark von der Art der Bildung ab. Wie wir später noch sehen werden, dreht sich das Leben aller Menschen um die Befriedigung von Bedürfnissen. Lernen bedeutet, die eigenen Bedürfnisse in Zukunft schneller und mit weniger Aufwand befrieden zu können. Je direkter bestimmte Fähigkeiten und Strategien zur Bedürfnisbefriedigung eingesetzt werden können, umso mehr lohnt es sich, diese Fähigkeiten und Strategien zu erwerben. Unser Wirtschafts- und Bildungssystem ist jedoch so aufgebaut, dass uns insbesondere solche Verhaltensweisen antrainiert werden, die nicht der Befriedigung unserer eigenen Bedürfnisse dienen, sondern der Befriedigung fremder Bedürfnisse. Die vielleicht gesündeste Nahrung ist das im eigenen Garten angebaute Gemüse. Interessanterweise wird Gemüse jedoch nicht im Fernsehen beworben, sondern jene Nahrungsmittel, die am anderen Ende des Spektrums stehen: Süßigkeiten, Fast Food, Softdrinks und Alkohol. Das System bringt uns nicht bei, uns gesund zu ernähren, im Gegenteil. Für die Fähigkeiten und Strategien zur Befriedigung aller anderen Bedürfnisse gilt genau das gleiche: Man muss aus eigenem Antrieb heraus aktiv nach ihnen suchen. Niemand wird vorbeikommen und uns retten, aber uns werden allerhand Scheinlösungen angeboten, die wir mit eigenen Fähigkeiten und Strategien um Längen schlagen können.

Ein sekundärer Nutzen des selbstbestimmten Lernens besteht darin, dass beim Lernen auch bestimmte Meta-Fähigkeiten trainiert werden: Man verbessert sich darin, Versuchungen zu widerstehen und die Dinge zu tun, die zwar anstrengend, aber gut für einen sind.

Sowohl die Gesundheit, als auch die Lebenserwartung und Lebensqualität im Alter korrelieren eindeutig mit dem Bildungsstand. Trotzdem werden Ärzte und Anlageberater niemals zu mehr Bildung raten, sondern uns mitunter nutzlose Pillen verschreiben und schlechte Finanzprodukte verkaufen. Das System möchte nicht, dass wir unser volles Potential entfalten. Wer das möchte, muss sich selbst darum kümmern.

NEUE REGELN FÜR EIN NEUES ZEITALTER DES LERNENS

Der von der Menschheit produzierte Berg an nützlichem und unnützem Wissen wächst immer schneller an. Doch nicht nur neues Wissen, sondern auch altes Wissen, das bis vor kurzem irrelevant schien, ist zu einer Notwendigkeit geworden. Früher brauchte man kein Expertenwissen zu Themen wie zum Beispiel Stress, Schlaf und Ernährung, einfach weil die Wahrscheinlichkeit hoch war, dass man sich automatisch richtig verhalten hat. Diese Zeiten sind vorbei. Das System übt immer mehr Druck auf die Unwissenden aus, und es gibt zunehmend mehr Möglichkeiten, sich falsch zu verhalten. Wer sich heute „automatisch" verhält, wird mit hoher Wahrscheinlichkeit folgenschwere Fehler machen und läuft Gefahr, in einen Teufelskreis zu geraten.

Schon allein aus zeitlichen Gründen wird das allermeiste relevante Wissen niemals in der Schule unterrichtet werden können. Relevantes Wissen zu erkennen und es sich selbst anzueignen, wird immer wichtiger werden. Es scheint nur wenig übertrieben, zu behaupten, dass wir an der Schwelle zu einem neuen Zeitalter stehen, dem Zeitalter des selbstbestimmten lebenslangen Lernens.

In den folgenden Abschnitten werden einige Denkweisen (Mindsets) vorgestellt, die das selbstbestimmte lebenslange Lernen begünstigen.

PFEIFE AUF NOTEN ABER NICHT AUF FEEDBACK

Wenn ich sage “Pfeife auf Noten!”, dann meine ich damit, dass es sich nicht lohnt, Bestnoten und Top-Bewertungen hinterherzulaufen, nur um das eigene Ego zu streicheln, während es im Leben tatsächlich nicht um Noten, sondern um ganz andere Dinge geht. Es mag sein, dass es auf dieser Welt noch vereinzelte Orte gibt, die einem ohne Bestnoten verwehrt bleiben – sehr wahrscheinlich sind das zugleich aber auch Orte, von denen man sich ohnehin fernhalten möchte, sobald man einmal verstanden hat, worauf es im Leben wirklich ankommt.

Aus diesen drei Gründen empfehle ich, auf Noten zu pfeifen:

(1) Noten sind Machtinstrumente. Wer anderen Menschen und Institutionen ohne guten Grund Macht über sich gibt, muss mit Nachteilen und Einbußen rechnen. Am stärksten leiden diejenigen Fähigkeiten, auf die es in Zukunft immer mehr ankommen wird: Kreativität, intrinsische Motivation und eigenständiges Denken und Handeln. Paradoxerweise kann derjenige, der auf Bestnoten pfeift, sogar mit besseren Noten rechnen.

(2) Noten messen das falsche. In den meisten Fällen messen Noten und andere Bewertungen nicht die zukünftige Kompetenz der Geprüften, sondern deren Prüfungsleistung und wie sympathisch sie dem Prüfer sind. Ein Teil des ohnehin nur schwachen Zusammenhangs zwischen Noten und künftigem Erfolg kommt außerdem daher, dass Bewertungen zu einer selbsterfüllenden Prophezeiung werden (mehr dazu später).

(3) Noten lenken vom Wesentlichen ab. Wer großen Wert auf gute Noten legt, kann gar nicht anders, als seine Lernstrategie auf gute Noten hin zu optimieren. In einer perfekten Welt, in der nicht für Noten, sondern

für die zukünftige Kompetenz gelernt würde, müssten die Schüler eine völlig andere Lernstrategie entwickeln. Noten verhindern, dass sie das tun. Begriffe wie „Bulimielernen" und „Lernmarathon" würde es in einer perfekten Welt gar nicht geben.

Verhalten braucht keine Bewertung, sondern Feedback. Zu lernen bedeutet, ein auf ein bestimmtes Ziel ausgerichtetes Verhalten anzupassen, sodass das Ziel in Zukunft besser erreicht wird. Unser Verhalten wird von unserem Nervensystem produziert, und dieses Nervensystem ist von Natur aus dazu in der Lage zu lernen. Die Voraussetzung ist Feedback.

Nehmen wir einmal an, dass ich mit verbundenen Augen auf dem Basketballfeld stehe und von einer fixen Position aus immer wieder auf den Korb werfe. Mein Trainer teilt mir nach jedem Wurf mit, ob ich getroffen habe und wie ich meinen Wurf korrigieren sollte: „Etwas weiter werfen und etwas mehr nach links." Wurf – Feedback – Wurf – Feedback, und so weiter. Mit der Zeit wird meine Trefferquote sehr wahrscheinlich steigen. Doch was würde passieren, wenn ich anstelle des sofortigen Feedbacks nach 10 Würfen eine zusammenfassende Bewertung erhalten würde? „3 Treffer!" Obwohl ich nun wüsste wie meine Trefferquote war, könnte ich mich sehr wahrscheinlich nicht verbessern. Diese Art von Feedback ist zu ungenau und sie kommt zum falschen Zeitpunkt – das Nervensystem kann damit nichts anfangen.

Feedback sollte unmittelbar nach dem vom Nervensystem produzierten Verhalten erfolgen. Dann sollte das Verhalten erneut produziert werden und es sollte erneut Feedback geben. Und immer so weiter. Die Management Trainerin Vera Birkenbihl sprach vom sogenannten *Ball-im-Tor-Effekt*. Nur so ist schnelles Lernen möglich.

VERSTÄNDNIS SCHLÄGT INFORMATION (UND MEINUNG)

Wir können von fast überall aus schnell auf das Internet zugreifen. Warum müssen wir da überhaupt noch Wissen im eigenen Kopf haben? Die Sache ist: Zwar können wir jederzeit nach Informationen googeln, aber ohne Hintergrundwissen können wir die meisten Informationen weder einordnen noch bewerten. Wir können sie nicht verstehen. Wer ohne jegliches Verständnis nach "schnell abnehmen" sucht und dabei auf das neueste Präparat aus den Labors der Nahrungsergänzungsmittelmafia stößt, wird nicht beurteilen können, ob dieses nun gut oder schlecht für ihn ist. In einer Welt, in der die Industrie sehr genau weiß, welche Bedürfnisse die Menschen haben, und wie man sie zum Kauf animiert, braucht man mehr als nur Informationen. Was man zusätzlich braucht, ist Verständnis. Was ist der Unterschied?

Verständnis ist Information höherer Ordnung; Verständnis ist der Blick aus der Vogelperspektive; Verständnis ist Information über Informationen. Im Folgenden werde ich den Begriff *Meta-Wissen* verwenden. Um die Informationen aus dem Internet einordnen und bewerten zu können, muss ich wissen, wer Informationen im Internet veröffentlicht und warum er das tut. Darüber hinaus wäre es hilfreich, über mich selbst und meine Bedürfnisse Bescheid zu wissen. Meta-Wissen kann scheinbar komplizierte Angelegenheiten erstaunlich einfach machen, weil der Blick automatisch in die richtige Richtung geht und den entscheidenden Punkt fokussiert. Je klarer ich meine Situation aus der Vogelperspektive sehe, umso besser verstehe ich sie und umso wahrscheinlicher kann ich eine Entscheidung zu meinen Gunsten treffen.

Das Telefon klingelt. Ein freundlicher Herr Liebe teilt mir mit sanfter Stimme mit, dass ich für den Gewinn einer exklusiven Luxusreise im Wert von 3.000 Euro ausgewählt wurde. Herzlichen Glückwunsch! Normalerweise würden jetzt Steuern anfallen, aber mit einem raffinierten Trick könne man diese umgehen. Ich müsse eine Zeitschrift abonnieren und Herr Liebe würde sich um den Rest kümmern. Es sei eine reine Formalität. Es würden viele verschiedene Zeitschriften angeboten, und wenn ich gar keine Zeitschrift haben will, dann könne ich das Abonnement sofort wieder kündigen. So würden mir keinerlei Kosten entstehen. Es gebe nur einen einzigen Haken: Ich müsse mich sofort für eine Zeitschrift entscheiden, weil die Regierung gerade im Begriff sei, diese Lücke im Steuergesetz zu schließen.

Was soll ich tun?

Auf der Sachebene ist die Situation ganz schön verzwickt, denn an vielen Punkten stößt mein Wissen an Grenzen. Zum Beispiel kenne ich die Steuergesetze nicht gut genug, um beurteilen zu können, ob die Sache mit dem Zeitschriftenabonnement stimmen kann. Mein Bauchgefühl sagt mir, dass ich vorsichtig sein sollte, aber auf der anderen Seite weiß ich aus den Medien, dass internationale Großkonzerne wie zum Beispiel Apple und Amazon auf ähnlich dubiose Art und Weise Steuern sparen. Wer die Entscheidung auf dieser Ebene treffen muss, wird mit einiger Wahrscheinlichkeit zu dem Schluss kommen, dass es sich lohnt, ein paar Euro zu riskieren, um die Chance auf 3.000 Euro nicht verstreichen zu lassen. Die Angst eine andere Entscheidung später zu bereuen, ist viel zu groß.

Aus der Vogelperspektive gestaltet sich die ganze Angelegenheit sehr viel einfacher: Niemand, mit dem man nicht genetisch verwandt oder ähnlich stark verbunden ist, schenkt einem einfach so etwas Wertvolles, ohne daraus einen noch größeren Nutzen für sich selbst ziehen zu wollen. Worin besteht der Gewinn für die Gegenseite? Außerdem hat der freundliche Anrufer eine ganze Reihe verbreiteter psychologischer Verkaufstricks angewendet. Es kann sich nur um einen versuchten Betrug handeln. Punkt. Guten Gewissens teile ich dem Anrufer mit, dass er sich seine Reise sonst wohin schieben kann. Meinem Blick aus der Vogelperspektive sei Dank konnte ich sehr wahrscheinlich bares Geld und jede Menge Zeit und Nerven sparen. Hätte ich das Zeitschriftenabonnement nämlich abgeschlossen, dann hätte die mafiöse Organisation des Typen, der sehr wahrscheinlich gar nicht „Liebe“ heißt, sondern diesen Namen nur wegen der positiven Assoziationen nutzt, die das Wort in meinem Gehirn aktiviert, meine Daten weiterverkauft, und ich hätte in Zukunft mit weiteren Betrügern zu tun gehabt.

Die interessante Frage lautet: Wie können wir erreichen, dass unser Bewusstsein nicht von dem in Aussicht gestellten Gewinn geblendet wird, sondern in die Vogelperspektive springt und den Betrug durchschaut?

Zwei Dinge sind wichtig: Erstens muss das entsprechende Meta-Wissen im Gehirn vorhanden sein, und zweitens muss das Meta-Wissen mit den passenden Auslösern verknüpft sein, um im richtigen Moment aktiviert zu werden.

Kann man Meta-Wissen in der Schule unterrichten? Ja, aber nicht auf direktem Wege. Es ist wie beim Spracherwerb: Kleine Kinder lernen die grammatikalischen Regeln ihrer Muttersprache selbstständig, indem sie aus den im Alltag gehörten Sätzen unterbewusst die Regelmäßigkeiten extrahieren. Dieses unterbewusste Lernen findet größtenteils im Schlaf statt, ein entsprechender Algorithmus ist im Gehirn vorinstalliert. Schon nach kurzer Zeit beherrschen die Kinder die Grammatik, obwohl sie nicht erklären können, welche Regeln sie dabei anwenden. Den Kindern die grammatikalischen Regeln abstrakt zu erklären, würde nicht zum gleichen Ziel führen, denn die Regeln würden nicht in praxistauglicher Form abgespeichert werden. Es ist wichtig zu verstehen, dass Meta-Wissen nicht in einem Schritt von außen ins Gehirn eingebracht werden kann. Meta-Wissen wird erst im Gehirn gemacht. Und genau aus diesem Grund sollte man eben doch viele Informationen im eigenen Kopf haben, auch wenn man sie theoretisch jederzeit googeln könnte: Im Gedächtnis gespeicherte Informationen sind der Stoff, aus dem das Gehirn selbstständig Meta-Wissen macht (später mehr dazu).

Meta-Wissen zu fördern, ist eine von wenigen Möglichkeiten, die wir haben, um uns den Maschinen gegenüber einen Vorsprung zu verschaffen. Ein Computer kann schneller nach Informationen googeln als wir Menschen, aber nur wir können Informationen in Weisheit verwandeln.

TOLERIERE TOLERABLE WISSENSLÜCKEN

Mit dem von der Menschheit produzierten Berg an Wissen wächst auch die Menge an Dingen, die wir nicht wissen. Ein einzelnes Menschenleben ist viel zu kurz, um alles lernen zu können. Jeder Mensch hat daher unzählige Wissenslücken. Leider wurde uns in der Schule vermittelt, dass Wissenslücken schlecht sind und, dass unser Nichtwissen jederzeit bestraft werden kann. Die Folge: Wir verstecken unsere Schwachstellen vor anderen Menschen und vor uns selbst. Wenn sich eine Wissenslücke mal nicht verstecken lässt, dann reden wir uns gerne ein, dass das entsprechende Wissen gar nicht wissenswert ist.

Der Punkt ist: Wissenslücken sind völlig normal und nicht jede Wissenslücke ist es wert, mit Wissen gefüllt zu werden. Diejenigen, die dafür sorgen, dass wir uns wegen unserer Wissenslücken schlecht fühlen, versuchen in aller Regel nur, von ihrem eigenen Nichtwissen abzulenken.

BAUE AUF INTRINSISCHER MOTIVATION

Es gibt zwei grundverschiedene Arten der Motivation, die *extrinsische* und die *intrinsische* Motivation. Wer extrinsisch für eine bestimmte Tätigkeit motiviert ist, übt diese Tätigkeit vor allem deswegen aus, weil er sich eine externe Belohnung wie zum Beispiel Anerkennung, Sicherheit oder Geld verspricht. Im Falle der intrinsischen Motivation ist die Tätigkeit selbst die Belohnung. Das vielleicht beste Beispiel für eine intrinsisch motivierte Tätigkeit ist das Spielen.

Um etwas lernen zu können, muss man sich konzentrieren, denn Lernen erfordert Aufmerksamkeit. Grundsätzlich gilt, dass unsere Aufmerksamkeit unserer intrinsischen Motivation folgt. Auf Themen, die uns wirklich interessieren, konzentrieren wir uns mühelos, und Themen, die uns kaltlassen, verlangen unserem Konzentrationsmuskel einiges ab, weshalb wir vergleichsweise schnell ermüden. Auf einem bestimmten Fachgebiet werden daher immer diejenigen Menschen führend sein, die intrinsisch motiviert sind. Wer ein Fachgebiet aus sekundären Gründen gewählt hat, etwa weil man ihm ein gutes Gehalt oder Sicherheit versprochen hat, wird mit hoher Wahrscheinlichkeit zweitklassig bleiben.

Bis vor einigen Jahrzehnten nahm das System keinerlei Rücksicht auf die Interessen der jungen Menschen. Man genoss die naheliegende Ausbildung und nahm den Job an, der zu haben war. Es gab praktisch keine Alternativen. Einige Jahre später wusste man selbst nicht mehr, wofür man in jungen Jahren gebrannt hatte. Der Wille war gebrochen. Damals war es unproblematisch, diesen Lebensweg zu wählen, denn man war in guter Gesellschaft – fast alle Menschen gingen diesen Weg.

Heute ist alles anders. Der Globalisierung, Automatisierung und Digitalisierung sei Dank hat jeder Mensch zumindest theoretisch die Möglichkeit, sein Leben um seine echten Interessen herum aufzubauen. Man braucht keine Millionen mehr, um unternehmerisch tätig werden zu können. Neue Unternehmen werden immer öfters von Menschen gegründet und geführt werden, denen es vordergründig nicht um Geld, sondern darum geht, eine Idee, für die sie brennen, umzusetzen. Man braucht nicht viel Phantasie, um sich auszumalen, was passiert, wenn jemand, der für seine Arbeit brennt, gegen jemanden antritt, der nur Dienst nach Vorschrift macht. Jahrelang hatte die NASA eine Art Monopol auf Raumflüge. Ein Start des Space-Shuttles kostete rund eine halbe Milliarde US-Dollar. Dann trat das junge Raumfahrtunternehmen SpaceX auf den Plan und bot dieselbe Dienstleistung für nur 60 Millionen US-Dollar an. Was Elon Musk, den Gründer von SpaceX antrieb und bis heute antreibt, ist der Wunsch, die Menschheit zu einer multiplanetaren Spezies zu machen, um dadurch die Wahrscheinlichkeit für ein baldiges Aussterben (zum Beispiel durch einen Meteoriteneinschlag) zu reduzieren. Nur wer etwas wirklich will, sucht und findet neue Wege, um dieses Ziel zu erreichen. Die Zukunft gehört denen, die sich auf diejenigen Dinge konzentrieren, die sie wirklich interessieren.

DER SINN DES LERNENS

*„Wer die Schönheit der Natur erkennt,
sieht einen Sinn im Leben.“*

Lou Maisel

" Mama, Papa, warum muss ich lernen?"

"Damit du schlau wirst und später ganz viel Geld verdienen kannst!"

Ist es wirklich so einfach?

Etwa in der dritten Klasse fangen Kinder damit an, nach dem Sinn des Lernens zu fragen. Den meisten Eltern fällt eine gute Antwort schwer, denn was sollen sie sagen? Dass sie wissen, dass die Schule gar nicht so toll ist, dass aber die Polizei kommt und die Kinder abholt und in die Schule bringt wenn sie nicht freiwillig hingehen? Dass sie dagegen machtlos sind? Die meisten Eltern wählen einen anderen Weg und erzählen ihren Kindern genau den gleichen Quatsch, der ihnen damals von ihren eigenen Eltern erzählt wurde. Vor lauter Märchen, weiß kaum noch jemand, warum der Mensch wirklich lernen muss und, dass Schule und Lernen zwei Paar Schuhe sind.

Für viele Menschen ist Lernen das, was in der Schule passiert. In Wahrheit ist Lernen sehr viel mehr als Schule. In den folgenden Kapiteln möchte ich das Lernen von der Schule trennen, um es von seinem emotionalen Ballast befreien.

WARUM SIND WIR HIER?

Bevor wir die Frage nach dem Sinn des Lernens beantworten können, müssen wir eine andere wichtige Frage klären: Warum gibt es uns Menschen und was sollen wir tun? Die Menschheit scheint in zwei Lager gespalten zu sein. Die Antwort der Kreationisten ist am einfachsten: Sie glauben, dass wir existieren, weil wir von einem Schöpfer erschaffen wurden, und dass unsere Mission darin bestünde, das zu tun, was dieser Schöpfer (angeblich) von uns erwartet.

Die Antwort der Wissenschaft ist etwas komplizierter. In seinem ersten Buch *Das egoistische Gen* aus dem Jahre 1976 schreibt der junge Biologe Richard Dawkins, dass die Mission von allen biologischen Lebensformen letztlich darin bestünde, ihren Meistern, den Genen zu dienen. In den Zellen aller Lebewesen gibt es eine Sammlung von Genen, die als Genom bezeichnet wird. Tiere, Pflanzen, Pilze und Bakterien, jede einzelne der je nach Schätzung bis zu 100 Millionen verschiedenen Arten, die es auf unserem Planeten gibt, hat ein charakteristisches Genom – einen Text, der in einer Sprache geschrieben ist, die nur vier Buchstaben kennt. Beim Menschen ist der Text in etwa drei Milliarden Buchstaben lang und enthält rund 23.000 Gene. Würde man ihn in sehr kleiner Schrift ausdrucken, könnte man rund 1.000 dicke Aktenordner mit Papier füllen.

Das Genom ist ein Bauplan. Der Bauplan des Menschen unterscheidet sich erstaunlich wenig vom Bauplan anderer Säugetiere, was schon darauf schließen lässt, dass diese Art von Bauplan etwas anders funktioniert als der Bauplan für ein Gebäude: Ein Genom beschreibt kein Endergebnis, sondern ein Prinzip. Auf den Bau eines Gebäudes übertragen, würde der Bauplan für ein Lebewesen ganz einfache Anweisungen an jeden einzelnen einer riesigen Anzahl von Arbeitern geben. Zum Beispiel: "Gehe umher, und wenn man dir einen Ziegel in die Hand gibt, dann teile ihn in zwei Hälften und lasse sie vor dir auf den Boden fallen." Ein anderer Arbeiter bekäme die Anweisung: "Wenn du über einen auf dem Boden liegenden Kollegen stolperst, dann lege dich dazu." Obwohl jeder einzelne Arbeiter immer nur genau das gleiche tut und gar nicht weiß, worin das Ziel seines Schaffens letztendlich besteht, entsteht am Ende ein Gebäude beziehungsweise ein Lebewesen. Die Arbeiter heißen übrigens Proteine, und jedes Gen steht für ein bestimmtes Protein, einen Arbeiter mit einer bestimmten Arbeitsanweisung. Es gibt tatsächlich Gebäude, die auf diese Art und Weise entstehen: Ameisenhaufen und Bienennester. Das Prinzip, nach dem Lebewesen, Ameisenhaufen und Bienennester entstehen, heißt Selbstorganisation.

Dass es nach Hunderten Millionen von Jahren immer noch Gene gibt, liegt daran, dass immer wieder neue Kopien entstehen. Es hat sich ein Kreislauf gebildet: Genome enthalten Baupläne für Proteine, die immer wieder Kopien der Genome anfertigen. Außerdem enthalten sie Baupläne für Proteine, die eine schützende Hülle erzeugen und die für den Erhalt des Systems notwendigen Baustoffe und Energieträger heranschaffen. Diese Hülle ist das einzelne Lebewesen. Die Hülle sind wir.

Und was sollen wir mit unserem Leben anfangen? Genau wie der Bauplan für unseren Körper, ist auch unser Verhalten nicht explizit in unseren Genen beschrieben, sondern es entsteht durch Selbstorganisation. Wie auch im Falle des Körpers, bringt das Prinzip der Selbstorganisation bei der sozialen Programmierung immer wieder ähnliche Strukturen hervor. Die einzelnen Individuen der Spezies Mensch unterscheiden sich im Detail, aber im Großen und Ganzen sind sie gleich.

Wie genau sieht unsere Programmierung aus? Da uns unsere Programmierung nicht bewusst ist, muss sie mühevoll durch Beobachtung unseres Verhaltens entschlüsselt werden. Als Stellvertreter der in den 1970er Jahren begründeten Soziobiologie, schrieb der junge Richard Dawkins, dass wir als Vehikel unserer durch und durch egoistischen Gene ebenfalls auf egoistische Verhaltensweisen programmiert seien. Viele von Dawkins Lesern schlussfolgerten, dass man im Spiel des Lebens dann am weitesten kommt, wenn man seine Ellenbogen spitzt und (nur) sich selbst der Nächste ist. Selbstloses Verhalten, so glaubten sie, würde sich nicht rechnen. Immer mehr Wissenschaftler sehen die Sache inzwischen grundlegend anders. Ihrer Ansicht nach gehören auch selbstlose, sogenannte altruistische Verhaltensweisen zu unserer sozialen Programmierung. Altruisten kommen oftmals schneller zum Ziel. Der berühmteste Vertreter dieser Gruppe von Wissenschaftlern könnte der Ameisenforscher E.O. Wilson sein. (In seinem Buch *Der Sinn des Gebens* gibt Stefan Klein einen hervorragenden Einblick in dieses faszinierende, aber auch komplexe Thema.)

Egoismus oder Altruismus? Tiere müssen sich niemals solche Fragen stellen, denn ihre Instinkte teilen ihnen klar und deutlich mit, welche Verhaltensweisen die erfolgversprechendsten sind. Nur wir Menschen stehen vor dem Problem, dass wir Kulturen und Zivilisationen hervorbringen und uns mitunter willkürliche Normen und Regeln ausdenken, die unserer Biologie widersprechen und uns verunsichern.

Schauen wir uns die Biologie des Menschen einmal genauer an. Wie funktionieren wir? Wie arbeitet unser Betriebssystem?

VERMEIDUNG UND ANNÄHERUNG

Wir alle machen ständig die Erfahrung, dass wir die Dinge in unserer Umgebung nicht alle gleich behandeln. Einige Menschen, Gegenstände und Situationen meiden wir, und von anderen fühlen wir uns angezogen. In uns arbeiten zwei Systeme, ein *Vermeidungssystem* und ein *Annäherungssystem*. Von unserem Annäherungssystem angestachelt lassen wir uns auf Erfahrungen ein, die eine Belohnung versprechen. Von Dingen, die unser Vermeidungssystem für gefährlich hält, halten wir uns fern. Die Arbeit beider Systeme beruht zu großen Teilen auf Erfahrung. Unser Annäherungssystem hat gelernt, Belohnungen vorherzusehen, und unser Vermeidungssystem hat ein feines Gespür für Gefahren entwickelt.

Auf den ersten Blick scheinen beide Systeme fast gleich zu funktionieren, aber tatsächlich gibt es einen gravierenden Unterschied: Das Annäherungssystem arbeitet viel genauer als das Vermeidungssystem, weil es nach jeder Vorhersage Feedback erhält. Immer wenn wir eine Belohnung anstreben, erhalten wir Rückmeldung darüber, ob die Belohnung tatsächlich erfolgt ist. Bei der Schmerzvermeidung beziehungsweise Gefahrenabwehr ist das nicht der Fall, denn dadurch, dass wir die mutmaßlich schmerzhafte Erfahrung vermeiden, kommt es ja gerade nicht zum befürchteten Schmerz. Die Rückmeldung bleibt aus. So kann es passieren, dass wir eine bestimmte Erfahrung ein Leben lang vermeiden, obwohl das entsprechende Verhalten aufgrund von sich ändernden Bedingungen gar keine Schmerzen mehr hervorrufen würde.

Ein anschauliches Beispiel ist die sogenannte erlernte Hilflosigkeit, die von Martin Seligman erkannt und 1967 erstmals beschrieben wurde. Ein Fuß eines Babyelefanten wird über eine Kette an einem Pflock befestigt, den ein ausgewachsener Elefant leicht aus dem Boden ziehen könnte. Der junge Elefant zieht ein paarmal an der Kette und lernt, dass seine Bemühungen aussichtslos sind. Obwohl der Elefant ein paar Jahre später groß und stark geworden ist und den Pflock jetzt spielend leicht aus dem Boden ziehen könnte, unternimmt er keine Fluchtversuche mehr. Er hat ja bereits gelernt, dass es so nicht funktioniert. Beim Menschen gilt die erlernte Hilflosigkeit als eine mögliche Ursache von Depressionen.

Obwohl uns grundsätzlich bewusst ist, dass wir von einigen Dingen angezogen und von anderen Dingen abgestoßen werden, sind uns die wahren Beweggründe in vielen Fällen nicht bewusst. Unser Verhalten wird maßgeblich von emotionalen Bewertungen bestimmt, die im limbischen System, einem evolutionär alten Teil unseres Gehirns, gespeichert sind. Zwei Bestandteile des limbischen Systems, das Belohnungssystem und das Furchtsystem werden wir uns im Folgenden einmal genauer ansehen.

DAS BELOHNUNGSSYSTEM

Das Gehirn besitzt ein System, das automatisch Ereignisse erkennt, die aus Sicht des Gehirnbesitzers vorteilhaft sind, etwa weil sie die Chancen auf Fortpflanzung erhöhen oder das Überleben sichern. Dazu zählen so banale Ereignisse wie die Aufnahme zuckerhaltiger Nahrung, aber auch soziale Verhaltensweisen, wie zum Beispiel das Sanktionieren von Artgenossen, die sich nicht an Normen halten.

Wann immer eines dieser vorteilhaften Ereignisse eintritt, wird der Botenstoff Dopamin ausgeschüttet und das sogenannte Belohnungszentrum (*Nucleus accumbens*) wird aktiv. Man spricht von einer Belohnung, im Folgenden auch *liking* genannt. Das Belohnungszentrum ist eine etwa erbsengroße Region, die sich in zweifacher Ausführung mitten im Gehirn befindet. Obwohl die Medien Dopamin als Glückshormon bezeichnen, geht es nur am Rande darum, uns ein gutes Gefühl zu verschaffen.

Das Belohnungssystem kann als Lehrer des Annäherungssystems verstanden werden. Die Aufgabe von Letzterem besteht darin, uns zu motivieren, immer wieder jene Knöpfe zu drücken, die in der Vergangenheit *liking* ausgelöst haben. Welche Knöpfe das sind, lernt es vom Belohnungssystem. Eine Folge dieses Lernprozesses ist die zeitliche Verschiebung der Ausschüttung von Dopamin. Bei bekannten Knöpfen wird bereits die Absicht, den Knopf zu drücken, mit Dopamin belohnt. Hier spricht man vom *wanting*. Die Hauptaufgabe von Dopamin ist also nicht das Belohnen, sondern das Motivieren.

Nehmen wir einmal an, eine völlig neuartige zuckerhaltige Süßigkeit, die meinem Annäherungssystem noch nicht bekannt ist, wäre auf den Markt gekommen. Aus irgendeinem Grund probiere ich davon. Der Zucker löst *liking* aus, weshalb die neue Süßigkeit als mögliche Zuckerquelle in meinem Gedächtnis abgespeichert wird. Wenn mein Gehirn in Zukunft einen Bedarf an Zucker hat, wird mein Annäherungssystem Dopamin ausschütten, um mich zu motivieren, die neue Süßigkeit zu essen. Das Verlangen nach der Süßigkeit (*wanting*) bleibt so lange bestehen, bis das Gehirn die Belohnung (*liking*) erhalten hat. Erst dann wird die Ausschüttung von Dopamin wieder eingestellt.

Wie sehr Lebewesen ihrem Annäherungs- und Belohnungssystem verhaftet sind, veranschaulicht ein Rattenexperiment aus den 1950er Jahren. Man pflanzte den Tieren Elektroden ins Gehirn, über die ihre Belohnungszentren auf elektrischem Wege aktiviert werden konnten. Den kleinen Schalter zur Aktivierung der Elektrode positionierten die Forscher in den Käfigen der Ratten, sodass sie ihr eigenes Belohnungszentrum durch das Betätigen des Schalters selbst aktivieren konnten. Was nun passierte, hatten die Forscher nicht erwartet: Die Tiere belohnten sich ununterbrochen selbst. Über 1000mal pro Stunde betätigten sie den kleinen Schalter. Sie aßen nicht mehr, sie tranken nicht mehr und sie schliefen nicht mehr. Am Ende fielen sie vor Erschöpfung tot um.

Nun könnte man argumentieren, dass Ratten nicht mit dem Menschen verglichen werden können. Wir Menschen sind doch vernünftiger, oder? Weit gefehlt! Es wurde von Fällen berichtet, in denen die Belohnungszentren von Menschen dauerhaft von Gehirntumoren stimuliert wurden. Die Patienten wussten ganz genau, dass sie sterben müssten, falls die Tumore nicht entfernt würden, doch sie weigerten sich vehement, sich operieren zu lassen. Die Stimulation ihrer Belohnungszentren war ihnen wichtiger als nicht zu sterben. Drogensucht ist ein weiterer Beweis dafür, dass auch wir Menschen unserem Annäherungs- und Belohnungssystem verhaftet sind. Nichts ist uns wichtiger, als unser Belohnungssystem zu aktivieren.

Die Vorfreude auf ein bestimmtes Ereignis kann die Freude, die durch das Ereignis selbst ausgelöst wird, deutlich übersteigen. Schuld daran ist ein Gewöhnungseffekt: Die Belohnung (*liking*) fällt mit zunehmender Anzahl an Wiederholungen kleiner aus. Auf der anderen Seite kann das Verlangen (*wanting*) insbesondere bei schwer zu erreichenden Belohnungen groß sein. Der chinesische Philosoph Konfuzius wusste schon vor über 2.500 Jahren, dass der Weg das Ziel ist.

DAS FURCHTSYSTEM

Die Begriffe Angst und Furcht werden im Alltag häufig synonym verwendet, dabei bedeuten sie strenggenommen nicht dasselbe. Die Furcht ist auf ein konkretes Objekt oder Ereignis bezogen, während die Angst nicht objektbezogen ist. Ich habe Angst im Dunkeln (wovor auch immer), aber ich fürchte mich vor dem Monster unter meinem Bett. Angst und Furcht kommen in verschiedenen Intensitäten vor. Eine besondere Form der Furcht ist die Phobophobie – die Furcht vor Angstsymptomen (oft auch als Angst vor der Angst bezeichnet). Eine Furcht vor Prüfungen wird erst während oder unmittelbar vor einer Prüfung aktiv. Eine Furcht vor der Furcht vor unangekündigten Klausuren kann einem Schüler das Leben zur Hölle machen, denn sie wird aktiv sobald er die Schule betritt.

Bei der Erzeugung von Angst und Furcht spielt die *Amygdala* eine entscheidende Rolle. Wegen ihrer charakteristischen Form wird sie auch

Mandelkern genannt. Die Amygdala ist Teil des limbischen Systems und an der emotionalen Bewertung und Wiedererkennung von Situationen beteiligt. Die Amygdala verknüpft Ereignisse mit Gefühlen und speichert diese gemeinsam im Gedächtnis ab. Da die Amygdala unbewusst arbeitet und auch ähnliche Situationen erkennt, kann es passieren, dass bestimmte Dinge, Personen oder Situationen Angst in uns auslösen, obwohl wir niemals eine negative Erfahrung mit diesen Dingen, Personen oder Situationen gemacht haben.

Die Amygdala ist im Gehirn derart mit anderen Gehirnregionen verdrahtet, dass sie uns an unserem Bewusstsein vorbei steuern kann, zum Beispiel indem sie eine Kampf- oder Fluchtreaktion auslöst, noch bevor wir den Auslöser bewusst wahrgenommen haben. Hier erleben wir uns nicht als Protagonist, sondern als Zuschauer unseres Verhaltens.

Es ist wichtig zu verstehen, dass der Abwehr von Gefahren aus evolutionären Gründen eine höhere Priorität zukommt, als dem Erhalten von Belohnungen. Belohnungen sind wiederkehrend, aber wer tot ist, ist tot und kann seine Gene nicht mehr vererben. Wenn wir es gleichzeitig mit einer potentiellen Belohnung und mit einer Gefahr zu tun haben, dann schenkt das Gehirn der Belohnung so lange keine Beachtung, bis wir in Sicherheit sind. Wir sollten daher möglichst keine unbegründeten Ängste entwickeln, denn sie hindern uns daran, Chancen auf Belohnungen zu erkennen und wahrzunehmen. Man muss nicht besonders lange suchen, um Menschen zu finden, die ganz genau wissen, was alles in der Welt falsch läuft und wer daran schuld ist, die aber in ihrem eigenen Leben nichts zustande bringen, weil sie vor lauter Gefahren ihre Chancen nicht mehr erkennen können.

Etwas vereinfacht gesprochen, wird das Verhalten der meisten Tiere ausschließlich von deren Belohnungs- und Furchtsystem bestimmt. Anders formuliert: Sie folgen ihren Trieben und Instinkten. Wir Menschen unterscheiden uns insofern von den Tieren, als dass wir über einen mächtigen präfrontalen Cortex verfügen, der als eine Art Gegenspieler zu unseren Trieben und Instinkten verstanden werden kann. Unser präfrontaler Cortex befähigt uns dazu, uns unseren unbegründeten Ängsten zu stellen und verlockende Belohnungen links liegen zu lassen – zumindest unter bestimmten Umständen.

DER PRÄFRONTALE CORTEX

Wollte man die Funktion des *präfrontalen Cortex* (PFC) metaphorisch beschreiben, wäre man schnell bei einem Regisseur, Dirigenten oder Entscheider. Falls es so etwas wie einen freien Willen gibt, hat dieser hier seinen Sitz. Der hinter der Stirn ansässige PFC ist mit vielen anderen Regionen im Gehirn wechselseitig verdrahtet, das heißt er bezieht Informationen aus diesen Regionen und er kann diese Regionen gezielt beeinflussen. Zum Beispiel ist der PFC dazu in der Lage, die Amygdala, die wir als Ursprung von Angst und anderen Gefühlen bereits kennengelernt haben, zu beruhigen. Unser PFC befähigt uns außerdem zum Belohnungsaufschub, dem Entsagen kurzfristiger Belohnungen zugunsten langfristiger Ziele, die eine größere Belohnung versprechen. Dem PFC werden viele weitere Funktionen zugeschrieben, unter anderem die Fokussierung der Aufmerksamkeit, das Ausblenden von inneren und äußeren Ablenkungen und die Organisation komplexer Handlungsabläufe. Außerdem gilt er als Sitz des Arbeitsgedächtnisses, auf das wir später noch ausführlich zu sprechen kommen werden. Zusammenfassend spricht man von den sogenannten *exekutiven Funktionen*.

Der PFC kommt bei Kopfentscheidungen zum Einsatz. Entgegen einer weit verbreiteten falschen Vorstellung, sind Kopf- und Gefühlsentscheidungen keine Gegensätze. Der PFC interessiert sich sehr für die Gefühle. Im Vorfeld einer schwierigen Entscheidung kommuniziert er intensiv mit den emotionalen Zentren unseres Gehirns. Man geht davon aus, dass er die mit den verschiedenen Handlungsoptionen verbundenen Gefühle im Rahmen von Simulationen abfragt, um schließlich eine Entscheidung zu treffen, die sowohl rational als auch emotional durchdacht ist. (Das Gegenteil einer Kopfentscheidung wäre die impulsive Entscheidung.)

Leider ist der PFC nicht für den Dauereinsatz ausgelegt. Bei seiner Nutzung werden große Mengen Energie in Form von Blutzucker verbraucht, weshalb es bei intensiver Nutzung zu Engpässen bei der Energieversorgung kommen kann. Was dann passiert wird von Psychologen als *Ego-Depletion* oder Selbsterschöpfung bezeichnet: Die Vernunft geht auf Standby und unsere Triebe und Gewohnheiten übernehmen das Kommando. Es ist sowohl richtig als auch falsch, den Menschen als vernünftiges Wesen zu bezeichnen. Ob wir es sind, hängt davon ab, was uns von unserer Umgebung abverlangt wird beziehungsweise wurde.

Bei den meisten Menschen ist die Reifung des PFC erst im Alter von etwa 25 Jahren abgeschlossen, denn seine Entwicklung kann nur durch persönliche Erfahrungen in verschiedensten Lebenssituationen vorangetrieben werden. Zwar wird der PFC gerne und häufig mit einem Muskel verglichen, aber dieser Vergleich ist irreführend (später mehr dazu).

Mit dem Trio PFC–Annäherungssystem–Vermeidungssystem können wir das immer wieder in uns ablaufende Tauziehen (Engel und Teufel auf unseren Schultern) schon recht gut erklären: Auf Basis unserer Erfahrungen, wird die Situation, in der wir uns gerade befinden, von unseren emotionalen Zentren bewertet. Neben der Bewertung erhalten wir außerdem noch eine Vorauswahl an möglichen Verhaltensweisen, aus denen wir mit unserem PFC genau eine Verhaltensweise auswählen. Diese Verhaltensweise setzen wir dann um.

Damit ist jedoch nur eine Seite unseres Verhaltens geklärt: Die Reaktion auf Umweltreize. Demgegenüber steht das aktive Verfolgen von Zielen, dem wir uns als nächstes zuwenden.

ICH UND ICH

In seinem Buch *Schnelles Denken, langsames Denken* erklärt der Nobelpreisträger Daniel Kahneman, dass unser Verhalten von zwei Ichs gesteuert wird. Dasjenige Ich, welches unser Verhalten aufgrund von zu erwartenden Schmerzen und Belohnungen abwägt, ist das sogenannte *erlebende Ich*. Auf die Spur des zweiten Ichs kann man über Gedankenexperimente kommen.

Erste Frage: Angenommen Sie haben einen teuren Erholungsurlaub gebucht, auf den Sie sich schon lange freuen und den Sie unbedingt antreten wollen – würden Sie diesen Urlaub auch unter der Bedingung antreten, dass sämtliche Erinnerungen an diesen Urlaub wieder aus ihrem Gedächtnis entfernt werden, sobald Sie den Rückflug antreten? Wenn Sie den Urlaub nicht antreten, bekommen Sie das bereits gezahlte Geld erstattet.

Zweite Frage: Würden Sie sich für Geld Schmerzen zufügen lassen, die keinen bleibenden Schaden hinterlassen, und wenn die Erinnerung an die Schmerzen sofort wieder aus ihrem Gedächtnis verschwindet?

Fast alle Menschen, denen man diese Fragen gestellt hat, gaben an, dass sie den Urlaub unter diesen Bedingungen stornieren würden und, dass sie bereit seien sich die Schmerzen zufügen zu lassen. Menschen buchen teure Urlaube nicht etwa nur, um im Moment Erholung und Abwechslung zu finden, sondern vor allem, um eine bleibende Erinnerung in ihrem Gedächtnis zu schaffen. Worum es ihnen geht, ist ihre Lebensgeschichte. Ein weiteres Indiz dafür liefert die Beobachtung, dass viele Menschen viel mehr Energie in das Fotografieren von Sehenswürdigkeiten und Landschaften investieren, als in das bewusste Genießen und Entdecken derselben.

Die Entscheidung für oder gegen den teuren Urlaub wird vom sogenannten *erinnernden Ich* getroffen. Das erinnernde Ich ist auch dafür verantwortlich, dass sich Paare für Kinder entscheiden, obwohl bekannt ist, dass eigene Kinder die Eltern nicht glücklicher machen – jedenfalls bis sie aus dem Gröbsten heraus sind.

Worum geht es dem erinnernden Ich? Was genau macht eine gute Lebensgeschichte aus?

SINN UND WERTE

Dem erinnernden Ich geht es um Sinn und Werte, zwei Konzepte, die untrennbar miteinander verbunden sind. Sinn ist ein Gefühl, das sich unter bestimmten Bedingungen automatisch einstellt. Der österreichische Psychiater und Neurologe Viktor E. Frankl brachte es fertig, als Insasse von insgesamt vier verschiedenen Konzentrationslagern, darunter auch Auschwitz, so etwas wie Sinn zu empfinden. Andere Menschen besitzen genug Geld, um sich alle nur denkbaren materiellen Wünsche erfüllen zu können, und dennoch empfinden sie das Leben als sinnlos.

Nachdem er Auschwitz überlebt hatte, beschäftigte sich Frankl intensiv mit den Themen Sinn und Sinnerfüllung. Schließlich entwickelte er die sogenannte Logotherapie, eine Therapieform, die das Streben nach Sinn als die wichtigste Motivationsquelle des Menschen betrachtet. Wir Menschen, so Frankl, seien bewusst und unbewusst so sehr auf ein Sinnerlebnis ausgerichtet, dass wir etwas nicht wollen, wenn wir keinen Sinn darin sehen. Und falls der Sinn einmal abhandenkommt, würde es zu Problemen wie zum Beispiel Burnout kommen. Nach Frankls Auffassung kann die Sinnverwirklichung auf verschiedenste Art und Weise erfolgen, zum Beispiel schöpferisch, erlebend, liebend, aber auch leidend. Sinn kann in etwas so banalem wie in einem Spaziergang gefunden werden. Sinn gibt uns Energie und schützt uns vor dem Ausbrennen. Schon der deutsche Philosoph Friedrich Nietzsche wusste: „Wer ein Warum zum Leben hat, findet auch das wie".

Wofür lebst du? Bei dieser Frage geht es weder um unsere Traumkarriere noch um unseren Traumpartner oder unser Traumauto. Die entscheidende Frage lautet nicht: *Was kann ich vom Leben erwarten?* Die Frage lautet: *Was erwartet das Leben von mir?* Das Leben erwartet, dass wir in Einklang mit unseren Werten leben. Was sind Werte? Werte werden gerne mit einem Leuchtturm oder einer Landkarte verglichen, denn sie können uns Klarheit und Orientierung geben, zum Beispiel bei schwierigen Entscheidungen. Wenn wir im Einklang mit unseren Werten leben, dann stellt sich Zufriedenheit ein. Werte sind so unterschiedliche wie die Menschen selbst. Mögliche Werte findet man, indem man ein Wörterbuch zur Hand nimmt und alle Wörter aufschreibt, die als Werte infrage kommen. Ich habe die folgenden Werte gefunden:

> *Abenteuer, Abwechslung, Achtsamkeit, Akzeptanz, Altruismus, Anerkennung, Angepasstheit, Anstand, Ästhetik, Aufgeschlossenheit, Aufopferung, Aufregung, Aufrichtigkeit, Ausdauer, Ausgeglichenheit, Authentizität, Balance, Begeisterung, Begierde, Beharrlichkeit, Behutsamkeit, Beliebtheit, Berühmtheit, Bescheidenheit, Besonnenheit, Beständigkeit, Beweglichkeit, Bewusstheit, Charisma, Charme, Coolness, Dankbarkeit, Demut, Diskretion, Disziplin, Dominanz, Durchsetzungsvermögen, Effektivität, Effizienz, Ehre, Ehrfurcht, Ehrgeiz, Ehrlichkeit, Eifer, Eigenständigkeit, Einfachheit, Einfallsreichtum, Einfluss, Einsamkeit, Einsichtigkeit, Einzigartigkeit, Eleganz, Energie, Enthusiasmus, Entschlossenheit, Entspannung, Entwicklung, Erfolg, Erhabenheit, Erholung, Erkenntnis, Ernsthaftigkeit, Expertise, Exzellenz, Fairness, Feiern, Finanzielle Unabhängigkeit, Fitness, Fleiß, Flexibilität, Fokus, Frechheit, Freiheit, Freude, Freundlichkeit, Frieden, Frohsinn, Frömmigkeit, Furchtlosigkeit, Gastfreundschaft, Geborgenheit, Gehorsam, Gelassenheit, Gemeinschaft, Genauigkeit, Genialität, Genügsamkeit, Genuss, Gerechtigkeit, Geschicklichkeit, Geschwindigkeit, Gemütlichkeit, Geselligkeit, Gewissenhaftigkeit, Glaube, Glaubwürdigkeit, Glück, Großzügigkeit, Gründlichkeit, Güte, Harmonie, Hartnäckigkeit, Heimatverbundenheit, Heiterkeit, Heldentum, Herausforderung, Herzlichkeit, Hilfsbereitschaft, Hoffnung, Höflichkeit, Humor, Hygiene, Idealismus, Individualismus, Inspiration, Integration, Integrität, Intelligenz, Intuition, Jugendlichkeit, Kameradschaftlichkeit, Klarheit, Klugheit, Komfort, Kommunikation, Kompetenz, Kongruenz, Können, Kontrolle, Konzentration, Kooperation, Körperlichkeit, Korrektheit, Kraft, Kreativität, Kunst, Langlebigkeit, Lässigkeit, Lebenslust, Lebensqualität, Lebhaftigkeit, Leichtigkeit, Leidenschaft, Leistung, Lernen, Liebe, Logik, Lust, Loyalität, Macht, Meinungsfreiheit, Mitgefühl, Motivation, Mumm, Mündigkeit, Mut, Nachhaltigkeit,*

Nächstenliebe, Natürlichkeit, Neugierde, Nützlichkeit, Objektivität, Offenheit, Optimismus, Ordnung, Originalität, Passion, Perfektion, Pflicht, Phantasie, Philanthropie, Pietät, Pragmatismus, Präzision, Privatsphäre, Professionalität, Pünktlichkeit, Realismus, Perfektion, Qualität, Reichtum, Reife, Reinheit, Religiosität, Respekt, Revolution, Rücksicht, Ruhe, Ruhm, Sauberkeit, Scharfsinn, Schlauheit, Schönheit, Schutz, Seele, Selbstbeherrschung, Selbstbestimmung, Selbstlosigkeit, Selbstvertrauen, Selbstverwirklichung, Sicherheit, Sieg, Sinnlichkeit, Solidarität, Sorgfalt, Sparsamkeit, Spaß, Spielen, Spiritualität, Spontanität, Sportlichkeit, Stabilität, Stärke, Stille, Strebsamkeit, Strenge, Sympathie, Synergie, Tapferkeit, Teamwork, Tiefe, Toleranz, Tradition, Transzendenz, Träumen, Treue, Tugend, Überfluss, Überlegenheit, Überraschung, Umgänglichkeit, Unabhängigkeit, Unerschütterlichkeit, Unterhaltung, Unterstützung, Unversehrtheit, Unvoreingenommenheit, Urteilsfähigkeit, Veränderung, Verbissenheit, Verbundenheit, Vergnügen, Vermögen, Vernetzung, Vernunft, Verständnis, Vertrauen, Vertrauenswürdigkeit, Vielfalt, Vision, Vitalität, Vollendung, Vorfreude, Wachsamkeit, Wachstum, Wahrhaftigkeit, Wahrheit, Wandel, Wärme, Weisheit, Weiterentwicklung, Weitsicht, Weltbürger sein, Wertschätzung, Widerstandsfähigkeit, Wildheit, Wissen, Wissbegier, Witzigkeit, Wohlstand, Würde, Zufriedenheit, Zugehörigkeit, Zuneigung, Zuverlässigkeit, Zuversicht

Beim Lesen der Werteliste spürt man die eigenen Werte in der Regel deutlich, während einen die anderen Werte kaltlassen. Es lohnt, die eigenen Werte aufzuschreiben und sie bewusst zu verinnerlichen, um nicht mehr nur unbewusst, sondern auch bewusst nach ihnen zu leben.

Die meisten unserer Werte sind während unserer Kindheit durch Erziehung und die von uns gemachten Erfahrungen entstanden. Sie sind fest in unserer Psyche verankert und bestimmen maßgeblich wie wir fühlen, urteilen, denken und handeln. Viele Menschen sind bereit, für die Einhaltung ihrer Werte zu kämpfen und es tut ihnen weh, wenn ihre

Werte verletzt werden. Leider gibt es aber auch Menschen, die nach Schein-Werten leben. Sie haben sich bestimmte Werte nur für ihre Außenwirkung zugelegt, und sobald sie unbeobachtet sind, schenken sie ihren Schein-Werten keine Beachtung mehr.

Eine aufschlussreiche Übung zum Entdecken der eigenen Werte stammt von Stephen Covey, dem Autor des Buches *Die 7 Wege zur Effektivität*. Die Übung besteht darin, sich die eigene Beerdigung bildhaft vorzustellen und sich zu überlegen, was man sich bezüglich der Inhalte der Trauerreden wünscht, die Familienmitglieder, Freunde, Arbeits- und Vereinskollegen vorbereitet haben. Was sollen die Vertreter dieser vier Personengruppen über uns und unseren Charakter sagen?

Als Erwachsene haben wir die Möglichkeit, uns bewusst für neue Werte zu entscheiden, um bestimmte Ziele zu erreichen: Nehmen wir einmal an, ich sei ein Schüler, der ständig in Konflikt mit seinen Lehrern gerät, weil er jeden Tag zu spät zum Unterricht kommt. Ich komme zu spät, weil ich morgens gerne länger schlafe. Pünktlichkeit ist mir eben nicht so wichtig – sie gehört nicht zu meinen Werten. Möglicherweise gehört aber Erfolg zu meinen Werten, und bald fällt mir auf, dass zwischen Erfolg und Pünktlichkeit ein wichtiger Zusammenhang besteht. Um erfolgreicher zu werden, ernenne ich die Pünktlichkeit zu einem meiner Werte. Von nun an komme ich nicht mehr zu spät zum Unterricht. Die Pünktlichkeit hat in meinem Leben eine höhere Priorität erhalten. Da mir nun wichtig ist, pünktlich zu sein, gebe ich mir Mühe, mein Leben so zu organisieren, dass ich abends früher ins Bett komme, sodass ich morgens rechtzeitig aufstehen kann.

Es ist wichtig, zwischen einem erzwungen Verhalten und einem wertebasierten Verhalten zu unterscheiden. Wenn Schüler unter Androhung von Strafe darauf dressiert werden, morgens pünktlich in der Schule zu erscheinen, mag es auf den ersten Blick so aussehen, als habe man ihnen den Wert Pünktlichkeit vermittelt. Aber stimmt das wirklich? Sind die Schüler auch im Privatleben pünktlich? Kommen sie rechtzeitig zu Verabredungen? Wäre die Pünktlichkeit tatsächlich einer ihrer Werte, dann wären sie immer pünktlich.

In der Regel übernehmen Menschen keine Werte, die man ihnen von oben herab zu vermitteln versucht. Menschen übernehmen Werte freiwillig von Vorbildern, die das erreicht haben, was sie sich für ihr eigenes Leben wünschen.

Fassen wir das bisher Gelernte noch einmal zusammen: Wir vermeiden Gefahren und werden von Belohnungen angezogen. Um in Einklang mit unseren Werten leben zu können, sind wir befähigt, auf bestimmte Belohnungen zu verzichten und bestimmte Ängste zu überwinden.

Wer einen einzelnen Menschen über Jahre und Jahrzehnte hinweg beobachtet, wird feststellen, dass sich seine Reaktion auf ein und dieselbe potentielle Belohnung über die Zeit mitunter stark verändern kann. Einige Ziele verlieren ihren Reiz, und andere Ziele gewinnen an Attraktivität. Kurz, die Bedürfnisse eines Menschen verändern sich mit der Zeit. Warum das so ist, schauen wir uns als nächstes an.

BEDÜRFNISSE

Die wohl bekannteste und anschaulichste Theorie über den zeitlichen Wandel menschlicher Bedürfnisse ist die sogenannte *Bedürfnispyramide* von Abraham Maslow, auf die ich im Folgenden näher eingehen möchte. Für das Lernen sind die Bedürfnisse insofern interessant, als dass hinter jeder Motivation, Neues zu lernen, mindestens ein unbefriedigtes Bedürfnis steckt. Wer verstehen will, warum ein Mensch lernt oder nicht lernen möchte, muss das dahinter stehende Puzzle aus unbefriedigten Bedürfnissen verstehen.

In der ersten Hälfte des 20. Jahrhunderts war die Psychologie von pessimistischen Menschenbildern geprägt. Die einen betrachteten den Menschen als eine seelenlose Reiz-Reaktions-Maschine, und für die anderen waren die Menschen Marionetten ihres Sexualtriebs. Der US-amerikanische Psychologe Abraham Maslow hatte eine andere Vorstellung von der Natur des Menschen, und so begründete er eine neue Schule der Psychologie, die Humanistische Psychologie. Maslow und seine Anhänger waren der Ansicht, dass der Mensch von Natur aus gut sei und wachsen wolle. Alles Böse im Menschen sei nicht auf seine wahre Natur zurückzuführen, sondern resultiere aus einer nicht-artgerechten Behandlung. Würde man die Menschen in ihrer Entwicklung nicht behindern, würden sie sich positiv entwickeln. Die Entwicklung würde von natürlichen Bedürfnissen vorangetrieben. Welche konkreten Bedürfnisse der

Mensch hat und wie sie sich zeitlich verändern, beschreibt das Modell der Bedürfnispyramide.

Maslow unterschied zwei grundverschiedene Arten von Bedürfnissen: die sogenannten *Defizitbedürfnisse*, die sich im unteren Teil der Pyramide befinden, und die sogenannten *Wachstumsbedürfnisse*, die sich an der Pyramidenspitze befinden. Die Defizitbedürfnisse sichern das Überleben des einzelnen Menschen, ihre Befriedigung ist die Voraussetzung für dauerhafte körperliche und psychische Gesundheit. Wenn die Defizitbedürfnisse befriedigt sind, stellt sich ein Gefühl der Zufriedenheit ein.

Die Wachstumsbedürfnisse unterscheiden sich insofern von den Defizitbedürfnissen, als dass sie niemals vollkommen befriedigt werden können. Das Bedürfnis nach Sicherheit (ein Defizitbedürfnis) lässt sich komplett stillen, aber das Bedürfnis nach Selbstverwirklichung gleicht einer ewigen Baustelle. Bei den Wachstumsbedürfnissen wird nicht erst die volle Befriedigung, sondern bereits die Arbeit an deren Befriedigung belohnt – nicht mit Zufriedenheit, sondern mit Glücksgefühlen. Hier ist der Weg das Ziel.

Zunächst unterschied Maslow fünf verschiedene Bedürfnisse und setzte Jahre später noch ein sechstes Bedürfnis an die Spitze der Pyramide: die Transzendenz. Die sechs Bedürfnisse sind:

(6) Transzendenz (W)
(5) Selbstverwirklichung (W)
(4) Individualbedürfnisse (D)
(3) Soziale Bedürfnisse (D)
(2) Sicherheitsbedürfnis (D)
(1) Physiologische Bedürfnisse (D)

Bei den unteren vier Stufen handelt es sich um Defizitbedürfnisse (D). Die beiden oberen Ebenen sind Wachstumsbedürfnisse (W). Aus der Pyramiden-Darstellung wird häufig der falsche Schluss gezogen, dass man die Bedürfnispyramide wie eine Treppe emporsteigt: Stufe für Stufe. Tatsächlich befindet sich ein Mensch nicht auf einer einzelnen Stufe, denn die meiste Zeit über sind mehrere Bedürfnisse gleichzeitig aktiv. Diese treten aber unterschiedlich stark in Erscheinung, das heißt, ein Mensch befindet sich nicht ausschließlich, sondern überwiegend auf einer bestimmten Stufe.

Schauen wir uns die einzelnen Bedürfnisse einmal genauer an. Die unterste Ebene der Pyramide wird von den physiologischen Bedürfnissen gebildet. Wie alle Lebewesen, ist der Mensch auf verschiedenste Nährstoffe und auf bestimmte physikalische Bedingungen angewiesen, um überleben zu können. Auch das Bedürfnis nach Schlaf zählt zu den physiologischen Bedürfnissen. Ein Mensch, den man am Schlafen hindert, ist nach ein bis zwei Wochen tot (später mehr dazu).

Die zweite Ebene bildet das Bedürfnis nach Sicherheit. Zum einen geht es um das Bedürfnis nach körperlicher Unversehrtheit, und zum anderen um die Sicherheit des eigenen Weltbildes. Das Bedürfnis nach Sicherheit ist bei unterschiedlichen Menschen unterschiedlich stark ausgeprägt. Außerdem scheint das Sicherheitsbedürfnis eines Menschen im Laufe seines Lebens stärker zu werden, was erklärt, warum ältere Menschen ein tendenziell größeres Interesse an Recht und Ordnung haben, während die Jüngeren oft einen riskanten oder gar leichtsinnigen Lebensstil pflegen. Das Bedürfnis nach Sicherheit korreliert mit der Blut-Konzentration des Stresshormons Cortisol.

An dritter Stelle kommen die sozialen Bedürfnisse. Unsere Gene möchten, dass wir verschiedene Arten von sozialen Beziehungen zu anderen Menschen eingehen. Ein Ziel besteht darin, unsere Gene an die nächste Generation weiterzugeben, und ein anderes Ziel ist, die Wahrscheinlichkeit für unser Überleben durch die Kooperation mit anderen Menschen zu erhöhen.

Die insgesamt vierte und damit höchste Stufe der Defizitbedürfnisse bilden die sogenannten Individualbedürfnisse. Was sich dahinter konkret verbirgt, unterscheidet sich von Mensch zu Mensch. Zum Beispiel steht für manche die individuelle Stärke im Vordergrund, während andere eher an sozialem Ansehen interessiert sind.

An fünfter Position der Hierarchie kommt das erste Wachstumsbedürfnis, die Selbstverwirklichung. Dieses Bedürfnis drückt sich durch den Wunsch aus, das eigene Potential möglichst voll auszuschöpfen. In welcher konkreten Form dies geschieht, ist höchst individuell. Im Jahre 1943 schätzte Maslow, dass zum damaligen Zeitpunkt nur rund zwei Prozent der US-Bevölkerung so weit entwickelt waren, dass dieses Bedürfnis im Vordergrund stand.

Ganz oben an der Spitze der Pyramide steht ein weiteres Wachstumsbedürfnis, die Transzendenz. Menschen, bei denen dieses Bedürfnis in den Vordergrund getreten ist, haben das Ziel, über sich hinauszuwachsen und zu einem Teil von etwas Größerem zu werden.

Das allgemeine Bedürfnis nach Wachstum kann als das Bedürfnis verstanden werden, die Pyramide hinaufzusteigen.

DIE DYNAMIK DER BEDÜRFNISSE

Wie stark sind unsere Bedürfnisse, und wovon hängt ihre Stärke ab? Für die Bedürfnisse am Fuße der Pyramide lassen sich diese Fragen leicht beantworten. Bedürfnisse, wie etwa das Bedürfnis nach Schlaf oder das Bedürfnis nach Kalorien, sind für alle Menschen in etwa gleich stark. Einige benötigen vielleicht zehn oder auch fünfzig Prozent mehr Schlaf oder Kalorien als andere, aber niemand benötigt die fünf- oder zehnfache Menge. Außerdem hängt mein Schlafbedürfnis einzig und allein von mir selbst ab, und nicht etwa davon, wie lange die Menschen um mich herum schlafen müssen. Es kann sein, dass ich in einer Umgebung, in der wenig geschlafen wird, auch weniger schlafe, aber an meinem natürlichen Schlafbedürfnis ändert das nichts.

Wie sieht es mit den Bedürfnissen weiter oben in der Pyramide aus? Objektiv betrachtet geht es den meisten Deutschen ziemlich gut. Sogar die Ärmsten haben Reichtümer, von denen die Reichsten vor einigen Generationen nicht einmal träumen konnten: Kein Krieg im eigenen Land, lebensrettende Medizin für alle, Strom aus der Wand, kostenlose öffentliche Bibliotheken, deutlich mehr Rechte für Frauen, um nur einige Punkte zu nennen. Sollten nicht alle Deutschen hochzufrieden sein? Wie schon gesagt, belohnt das Gehirn die Befriedigung der Defizitbedürfnisse mit einem Gefühl der Zufriedenheit. Dabei sind einige dieser Bedürfnisse nicht absolut sondern relativ. Das Gehirn bewertet nicht, was sein Besitzer absolut hat, sondern was er im Vergleich zu anderen Menschen hat. Ein Teil der Bevölkerung wird daher immer unzufrieden sein.

Über das Gefühlspaar Zufriedenheit-Unzufriedenheit werden die Ambitionen der Mitglieder einer Gruppe einander angeglichen. Wäre das Leben ein 100-Meter-Lauf, dann würden Zufriedenheit und Unzufriedenheit dafür sorgen, dass wir alle ungefähr zeitgleich im Ziel ankommen. Die Zufriedenheit nimmt den Führenden den Wind aus den Segeln, und die Unzufriedenheit motiviert die Zurückliegenden zum Aufholen. Man hat beobachtet, dass die Freunde von Personen, die kürzlich übergewichtig wurden, mit signifikant erhöhter Wahrscheinlichkeit ebenfalls übergewichtig werden. Die Erklärung: Wenn sich das Körpergewicht der Menschen in unserem näheren sozialen Umfeld verändert, dann verändert sich auch die Toleranzgrenze, ab der wir mit unserem eigenen Körpergewicht unzufrieden werden und damit beginnen, etwas gegen den Missstand zu unternehmen. Der bekannte Motivationsredner Jim Rohn vertrat die Ansicht, dass wir der Durchschnitt der fünf Menschen sind, mit denen wir die meiste Zeit verbringen. Was andere haben oder nicht haben, beeinflusst die Messlatte, die wir selbst anpeilen. Die meisten Menschen besäßen lieber 100.000 Euro während ihre Nachbarn nur 80.000 Euro besitzen, als 200.000 Euro während die Nachbarn 300.000 Euro haben.

Unsere Zufriedenheit wird von unserer Psyche unbewusst und automatisch berechnet. Die Berechnungsgrundlage scheinen drei Differenzen zu bilden: Die Differenz zwischen dem was wir aktuell haben und

(1) … unserem persönlichen Höchststand.
(2) … dem, was andere Menschen (scheinbar) haben.
(3) … unseren Wünschen, Zielen und Ansprüchen.

Insbesondere die zweite Differenz ist interessant, denn was andere Menschen haben, entnehmen wir immer häufiger den (Sozialen) Medien, anstatt mit eigenen Augen hinzusehen. Wir vergleichen uns mit Zerrbildern, und in der Folge sind wir unzufriedener als wir objektiv betrachtet sein müssten. Ob das gut oder schlecht ist, hängt davon ab, was wir aus unserer Unzufriedenheit machen.

Ein Gefühl von Unzufriedenheit gilt einem oder mehreren unbefriedigten Bedürfnissen. Einer Unzufriedenheit kann man nur dann schnell und effektiv begegnen, wenn man weiß, von welchem unbefriedigten Bedürfnis sie verursacht wird. Wer mit dem Modell der Bedürfnispyramide vertraut ist und die eigenen Werte kennt, dürfte einen großen Vorteil haben.

Unsere unbefriedigten Bedürfnisse haben weitreichende Auswirkungen auf unsere Psyche. Was genau sie mit uns anstellen, schauen wir uns als nächstes an.

DIE AUSWIRKUNGEN UNBEFRIEDIGTER BEDÜRFNISSE

Unsere unbefriedigten Bedürfnisse beeinflussen unsere Wahrnehmung, unsere Gefühle unsere Gedanken und was wir lernen.

WAHRNEHMUNG

Wer ein neues Auto kaufen möchte und bereits mit einem bestimmten Modell liebäugelt, wird dieses plötzlich überall in den Straßen sehen – als ob nun jeder dieses Auto fahren würde. Frauen, die sich Kinder wünschen, berichten häufig davon, dass die Welt auf einmal voll von Schwangeren zu sein scheint. Diese Phänomene können damit erklärt werden, dass unbefriedigte Bedürfnisse Wahrnehmungsfilter sind. Über unsere Sinne erhält unser Gehirn sehr viel mehr Daten, als wir bewusst erfassen können. Daher muss eine Auswahl stattfinden. Was in Zusammenhang mit unseren unbefriedigten Bedürfnissen steht, erhält eine höhere Priorität – es springt uns förmlich ins Auge. Der bekannte Chemiker und Mikrobiologe Louis Pasteur drückte es so aus: „Der Zufall begünstigt den vorbereiteten Geist.“

GEFÜHLE

Unsere Gefühlswelt ist ein Spiegelbild unserer unbefriedigten Bedürfnisse. Mit der Unzufriedenheit haben wir ein wichtiges Gefühl bereits kennengelernt. In seinem Buch *Gefühle: Die Sprache des Selbst* teilt Thomas Bergner den Menschen in zwei ungleiche Teile: das Ich und das Selbst. Das Ich ist der bewusste Teil von uns, der Teil mit dem wir uns identifizieren. Das Selbst ist unbewusst. Auf Basis von Erfahrungen, Sinneseindrücken und Körpersignalen berechnet das Selbst eine Einschätzung der Situation und teilt sie dem Ich in Form von Gefühlen mit. Beim Menschen können rund 400 verschiedene Gefühle unterschieden werden. Die meisten Gefühle sind negativ.

Zwar werden die endgültigen Handlungsentscheidungen vom Ich getroffen, aber durch die Erzeugung von Gefühlen trifft das Selbst eine Vorentscheidung, wodurch das Ich in seiner Freiheit eingeschränkt ist. Diese Einschränkung äußert sich dadurch, dass uns bestimmte Optionen in bestimmten Situationen gar nicht erst in den Sinn kommen. In Ausnahmefällen, etwa wenn eine schnelle Reaktion erforderlich ist, kann das Selbst am Ich vorbei handeln – man spricht von Affekten.

Das Verständnis von eigenen und fremden Gefühlen hängt von der Fähigkeit ab, diese in Worte zu übersetzen. Wer nicht gelernt hat, sein Fühlen zu artikulieren, hat nur eingeschränkt Zugang zum Selbst. Ähnliche Gefühle können dann nicht voneinander unterschieden werden, und es kann zu Verwirrungen und Verwechslungen kommen. Es ist interessant, sich einmal die Frage zu stellen, wie wir im Kindesalter lernen, bestimmte Gefühle mit den Wörtern für diese Gefühle zu verknüpfen. Gegenstände zu lernen ist einfach: Die Mutter zeigt mit dem Finger auf ein Auto und sagt "Auto". Sie zeigt auf einen Hund und sagt "Hund" (oder "Wau-Wau"). Das Gehirn des Kindes verknüpft die charakteristischen Merkmale der Objekte mit den neuen Wörtern und speichert beides zusammen im Gedächtnis ab. Verwechslungen sind hier relativ unwahrscheinlich, zumal das Kind schnell korrigiert wird, falls es einmal auf ein Auto zeigt und "Hund" sagt. Worte wie zum Beispiel "Ekel", "Abscheu", "Stolz" und "Hochmut" mit den entsprechenden Gefühlen zu verknüpfen, ist deutlich anspruchsvoller. Verwirrungen und Verwechslungen dürften hier eher die Regel als die Ausnahme sein.

Obwohl die beiden Begriffe häufig synonym verwendet werden, gibt es einen großen Unterschied zwischen einem Gefühl und einer Emotion. Meine Gefühle kann man mir von außen nicht ansehen. Was man von außen sehen kann, sind die Emotionen. Müdigkeit ist ein Gefühl, Gähnen ist eine Emotion. Fröhlichkeit ist ein Gefühl, Lächeln ist eine Emotion. Das Ich hat prinzipiell die Möglichkeit, Emotionen zuzulassen oder sie zu unterdrücken. Eine Ausnahme bilden die so genannten Mikroexpressionen, flüchtige Gesichtsausdrücke, die nur Bruchteile von Sekunden andauern, und die sich nur schwer unterdrücken lassen. Die meisten Menschen scheinen Mikroexpressionen aber weder an sich selbst noch an anderen Menschen bemerken zu können.

Welche Reaktion erwartet das Selbst vom Ich, wenn es ein Gefühl erzeugt? Vereinfacht gesprochen erwartet es eine Handlung. Der Coach und Bestsellerautor Anthony Robbins bezeichnet Gefühle als sognannte Handlungsbedarfssignale. Eine Handlung ist dann angebracht, wenn sie zur Befriedigung eines Bedürfnisses beitragen kann. Das Selbst stellt auch die für die Ausführung der entsprechenden Handlung notwendige Energie bereit: Durch die Ausschüttung von Signalstoffen wie Adrenalin veranlasst es, dass die Herzfrequenz und der Blutdruck ansteigen und, dass das Blut mit Zuckermolekülen angereichert wird. Die Energie wartet nun darauf, durch eine aktive Handlung verbraucht zu werden. Wenn Handlungsimpulse unterdrückt werden, bleiben Blutdruck und Blutzuckerspiegel dauerhaft erhöht, wodurch es auf lange Sicht zu Schäden am Organismus kommen kann.

Gefühle sind Tatsachen, die nicht zur Verhandlung stehen. Gefühle lassen sich weder wegdiskutieren ("Du solltest dich nicht so fühlen!") noch herbeiwünschen, und sie lösen sich auch nicht in Luft auf, wenn man sie ignoriert. Zu Problemen kann es kommen, wenn die Kultur den Ausdruck bestimmter Gefühle verbietet, sodass man gezwungen ist, diese Gefühle zu leugnen. Dies kann zum Burnout führen. Um ihre wahren

Gefühle zu verbergen, täuschen viele Menschen Gefühle vor, die sie in Wahrheit gar nicht haben.

GEDANKEN

Auch unsere Gedanken werden von unseren unbefriedigten Bedürfnissen beeinflusst. Wir müssen zwei Arten von Denken unterscheiden, die der Nobelpreisträger Daniel Kahneman als schnelles und langsames Denken bezeichnet hat. Das langsame Denken ist mühsam und gerichtet. Diese Art zu denken nutzen wir unter anderem, um ein Rätsel Schritt für Schritt im Kopf zu lösen. Unsere schnellen Gedanken sind dagegen mühelos und springen mitunter wild umher. Sie lassen sich insofern mit den Gefühlen vergleichen, als dass sie ungefragt und situationsabhängig spontan in unserem Bewusstsein auftauchen. Insbesondere die Inhalte des schnellen Denkens hängen stark von unseren Bedürfnissen ab. Wenn wir gerade nicht hungrig sind, werden wir kaum an Essen denken. Sind wir aber hungrig, dann drängen sich uns dauernd Gedanken ans Essen ins Bewusstsein.

LERNEN

Wie schon gesagt können Menschen (und andere Lebewesen) als eine Art funktionale Hülle betrachtet werden, die von ihren Genen genutzt wird, um zu überleben. Millionen Jahre Evolution sei Dank wissen unsere Gene heute sehr genau, worauf es beim Überleben ankommt. Einige dieser Lektionen äußern sich uns in Form von Bedürfnissen. Wie genau diese Bedürfnisse zu befriedigen sind, müssen wir allerdings selbst in Erfahrung bringen, denn die Welt ist viel zu kompliziert und verändert sich viel zu schnell, als dass es sinnvoll wäre, uns konkrete Strategien von Geburt an mitzugeben. Wir sind lernfähig, damit wir lernen, unsere Bedürfnisse zu befriedigen.

Welche Schlüsse lassen sich daraus ziehen?

(1) Wir Menschen können sehr wahrscheinlich gar nicht anders, als uns Wissen und Strategien zur Befriedigung unserer Bedürfnisse anzueignen und diese zu optimieren. Vorfahren, die dazu in der Lage waren, sich dieser Art von Lernen zu widersetzen, sind sehr wahrscheinlich längst ausgestorben.

(2) Wissen und Strategien, die sich nicht zur Befriedigung unserer Bedürfnisse eignen, sind möglicherweise gar nicht oder nur über Umwege lernbar, denn aus evolutionärer Sicht gibt es keinen Anlass, diese zu lernen. (Und da unnötiger Ballast hinderlich ist, hat die Evolution das Lernen möglicherweise dahingehend optimiert, dass nur solche Strategien gelernt werden können, die tatsächlich von Nutzen sind.)

DAS SPIEL MIT FREMDEN BEDÜRFNISSEN

Wenn prinzipiell nur solche Dinge gelernt werden können, die sich zur Befriedigung tatsächlich vorhandener unbefriedigter Bedürfnisse einsetzen lassen, wie kann es dann sein, dass Schulkinder dazu in der Lage sind, Dinge zu lernen, die dieses Kriterium offensichtlich nicht erfüllen, zum Beispiel Latein – eine tote Sprache, die seit Jahrhunderten nicht mehr gesprochen wird? Dass Schulkinder Latein und Co. lernen, liegt daran, dass das Lernen dieser Dinge von Lehrern, Eltern und der Gesellschaft künstlich nützlich gemacht wird. Aus Sicht der Schulkinder sieht es so aus, als wäre Latein eine Notwendigkeit zur Befriedigung ihrer tatsächlich vorhandenen Bedürfnisse.

Es gibt zwei gängige Methoden, die ich im Folgenden als Druck und Sog bezeichnet möchte. Beim Einsatz von Druck wird die überlebenswichtige Befriedigung der sozialen Grundbedürfnisse der Schulkinder davon abhängig gemacht, dass sie ihre lateinischen Vokabeln lernen. Ein Kind, welches von seinen Eltern nicht geliebt wurde, war früher zum Tode verurteilt, weil es auf sich allein gestellt nicht überleben konnte. Aus evolutionären Gründen sind daher alle Kinder darauf programmiert, die Elternliebe zu ihrem obersten Ziel zu machen. (Falls es von außen betrachtet nicht so aussieht, als würde ein Kind dieses Ziel verfolgen, hat es möglicherweise noch nicht herausfinden können, auf welchem Wege es sein Ziel erreichen kann. Es könnte durch widersprüchliche Signale seitens der Eltern verwirrt worden sein.) Wenn man sein Kind glauben lässt, dass man es nur unter der Bedingung liebt, dass es seine Vokabeln lernt, dann wird es die Vokabeln lernen. Und wenn es Angst davor hat, dabei zu versagen und deshalb nicht geliebt zu werden, dann wird ihm das Lernen schwerfallen, denn Angst ist ein mächtiger Lern-Verhinderer.

Ältere Kinder und Erwachsene lassen sich weniger durch Druck als vielmehr durch Sog zum Lernen motivieren. Dazu muss man ihnen glaubhaft machen, dass ihr Lernen mit der Befriedigung höherer sozialer Bedürfnisse belohnt werden wird: Prestige, Ansehen, Bestätigung und so weiter.

Ob diese beiden Arten der Manipulation vertretbar oder gar notwendig sind, hängt von mehreren Faktoren ab: (1) Was würde passieren wenn die Kinder nicht manipuliert würden? Würden sie trotzdem wichtige Dinge lernen? (2) Wie wichtig sind die Inhalte, die man ihnen durch Manipulation zu vermitteln versucht? (3) Wird durch Manipulation überhaupt das erreicht was erreicht werden soll?

Zum ersten Punkt: Was tun Menschen, wenn man sie in Ruhe lässt, anstatt sie zu manipulieren? An dieser Frage scheiden sich die Geister. Viele Menschen glauben, dass der Mensch durch und durch faul ist und sich ohne äußeren Druck sofort in die Hängematte legt, um sich nur noch bedienen zu lassen. Falls dieses Menschenbild der Realität entspräche, müsste man die Schulkinder wohl oder übel zu ihrem Besten manipulieren. Falls der Mensch aber doch aus eigenem Antrieb heraus die Pyramide der Bedürfnisse emporstrebt und alles dafür Nötige bereitwillig auf sich nimmt, wäre Manipulation genau der falsche Ansatz. Eines unserer größten gesellschaftlichen Probleme scheint zu sein, dass die meisten Menschen sich selbst in der zweiten Schublade sehen, während sie die anderen Menschen in die erste Schublade packen. Am eigenen Leib kann man das Bedürfnis nach Wachstum spüren, aber aus dem Treiben der anderen Menschen lässt sich nicht schließen, dass das Wachstumsbedürfnis auch in ihnen steckt. Was wäre, wenn wir alle wachsen wollten, aber gerade durch die allgegenwärtigen Manipulationsversuche am Wachstum gehindert würden?

Zum zweiten Punkt: Wie wichtig sind die Inhalte, die den Kindern in der Schule vermittelt werden? (Zusatzfrage: Geht es dabei um das Wohl der Kinder oder um das Wohl der Wirtschaft?) Gibt es überhaupt wichtige Inhalte, die die Kinder aus eigenem Antrieb heraus nicht lernen würden? Einerseits hat sich die Welt in den letzten Jahrtausenden dermaßen stark verändert, dass einige der Programme, die wir von unseren steinzeitlichen Vorfahren geerbt haben, definitiv korrigiert werden sollten. Insbesondere müssten wir lernen, kurzfristige Belohnungen zugunsten von längerfristigen Belohnungen aufzugeben. Wir müssen lernen, Dinge zu tun, die keine sofortige Belohnung nach sich ziehen. Möglicherweise kann diese Fähigkeit nur unter Druck beziehungsweise Sog erworben werden. Andererseits sind in allen Kindern bereits natürliche Lernprogramme aktiv, die man systematisch unterdrücken muss, wenn man ihnen stattdessen diejenigen Lehren erteilen möchte, die man – aus welchen Gründen auch immer – für wichtiger hält. Dabei muss bedacht werden – damit sind wir beim dritten Punkt – dass Kinder unter Druck und Sog oft ganz andere Dinge lernen, als diejenigen, die man für sie vorgesehen hat, nämlich wie Druck und Sog funktionieren und wie man diese Werkzeuge einsetzen kann, um andere Menschen zu manipulieren.

Dazu eine Geschichte aus meiner eigenen Schulzeit: Wie schon gesagt, besteht das oberste Ziel aller Kinder darin, von den Eltern geliebt zu werden. Wenn die Schule ihren Job gut gemacht hat, dann sieht es aus Sicht der Kinder so aus, als würde die Elternliebe von guten Schulnoten abhängen. Irgendwann kam ich auf die Idee, offiziell nur noch gute Noten mit nach Hause zu bringen, indem ich die schlechten Noten einfach verschwiegen habe. Aus Sicht meines Gehirns, war dies das einzig logische Vorgehen, denn so konnte ich meine Bedürfnisse mit minimalem Aufwand befriedigen. Warum sollte ich stundenlang französische Vokabeln pauken, wenn ich das Ziel auf anderem Wege deutlich günstiger haben konnte? Außerdem hatte ich damals nicht viel Zeit, denn außerhalb der Schule gab es noch andere Bedürfnisse, die befriedigt werden wollten. Recht bald schlossen die Lehrer mein Schlupfloch, indem sie dazu übergingen, meine Eltern per Telefon über meine schlechten Noten zu informieren. Da hatte ich den Salat. Man könnte meinen, dass mein Gehirn nun endlich die zum Lernen der Vokabeln notwendige Motivation aufbrachte, aber so weit war es noch nicht, denn es gab noch weitere Abkürzungen. Es bestand die Möglichkeit, in Vokabeltests vom Nachbarn abzuschreiben oder einem Spickzettel zu verwenden.

Wir können festhalten, dass Schulkinder Strategien zur Bedürfnisbefriedigung lernen und anwenden, die von vielen Erwachsenen nicht nachvollzogen und erst recht nicht vorhergesehen werden können, weil sie andere Bedürfnisse haben und die Welt entsprechend durch eine andere Brille betrachten. Erst im Alter von etwa 15 bis 16 Jahren dominieren die Individualbedürfnisse, sodass die Schüler dazu übergehen, nicht mehr für ihre Eltern und Lehrer, sondern für sich selbst zu lernen. Bis dahin haben sich viele Schüler leider ein ganzes Arsenal an bewussten und unbewussten Strategien zum Betrug und Selbstbetrug angewöhnt, die vielen von ihnen ein Leben lang im Wege stehen werden.

Es ist wichtig zu bedenken, dass die unter Druck und Sog stehenden Kinder den Schulstoff in vielen Fällen nicht um des Stoffes willen lernen, sondern weil sie hoffen, dadurch die Liebe und Anerkennung der Eltern auf sich ziehen zu können. Wenn der Stoff aber von vornherein nur ein Mittel zum Zweck war, dann gibt es keinen Grund, ihn zu behalten, sobald er für diesen Zweck nicht mehr gebraucht wird. Das könnte ein Grund sein, warum wir Erwachsenen den Schulstoff größtenteils wieder vergessen haben. Es scheint einfach nicht möglich zu sein, theoretischen Stoff für die Befriedigung zukünftiger Bedürfnisse auf Vorrat zu lernen. Wenn die Bedürfnisse im Gehirn noch nicht angelegt sind, dann kann das Gehirn den gelernten Stoff nicht so abspeichern, dass er diesem künftigen Bedürfnis nützlich sein könnte.

SCHEINBEDÜRFNISSE UND ERSATZBEFRIEDIGUNGEN

Es besteht eine nicht unerhebliche Gefahr, sich in eine Sackgasse zu lernen. Trotz jahrelanger Zwangsbildung sind immer mehr Menschen nicht dazu in der Lage, ihre Bedürfnisse zu befriedigen, ohne Schaden zu nehmen. Schon auf der untersten Stufe der Bedürfnispyramide kommt es immer häufiger zu Problemen. Immer mehr junge Menschen sind stark übergewichtig und leiden schon in jungen Jahren unter chronischen Zivilisationskrankheiten wie zum Beispiel Diabetes Typ 2, die früher auch Altersdiabetes genannt wurde, weil sie nur bei älteren Menschen auftrat. Ein großer Teil der Bevölkerung kann abends nicht einschlafen und ist tagsüber chronisch müde und unkonzentriert. Immer mehr junge Menschen fühlen sich einsam, weil sie trotz hunderter Freunde auf Facebook niemanden haben, mit dem sie wirklich verbunden sind. Immer mehr Menschen sind depressiv. Wie kann es zu immer mehr Mangelerscheinungen kommen, obwohl wir doch angeblich in einer Überflussgesellschaft leben?

Strategien zur Bedürfnisbefriedigung können *adaptiv* oder *maladaptiv* sein. Adaptiv bedeutet, dass ein Bedürfnis durch die entsprechende Strategie tatsächlich befriedigt wird. Eine maladaptive Strategie befriedigt ein Bedürfnis nur zum Schein und kann außerdem Schäden anrichten. Ein zugegebenermaßen banales Beispiel ist das Trinken von Meerwasser gegen den Durst. Im ersten Moment scheint es zu helfen, aber dann wird der Durst immer stärker und man trocknet innerlich aus. Es ist besser, gar nicht zu trinken, als Meerwasser zu trinken.

Wir leben nicht wirklich in einer Überflussgesellschaft. Unser Wirtschaftssystem versorgt uns mit einem Überfluss an Möglichkeiten zur maladaptiven Bedürfnisbefriedigung, aber gleichzeitig erzeugt es einen Mangel an Möglichkeiten zur adaptiven Bedürfnisbefriedigung. Bildlich gesprochen verkauft man uns immer mehr Salzwasser gegen den Durst und schränkt den Zugang zu sauberem Trinkwasser immer mehr ein. Da die Bedürfnisse der Menschen endlich sind, ist auch der Bedarf an adaptiver Bedürfnisbefriedigung irgendwann gestillt. Ein Wirtschaftssystem, das immer weiter wachsen soll, braucht daher immer mehr Menschen, die bereit sind, auch für die maladaptive Befriedigung ihrer Bedürfnisse, sogenannte Ersatzbefriedigungen, immer mehr Geld zu bezahlen.

Wie kann man dafür sorgen, dass die Menschen von Ersatzbefriedigungen abhängig werden? Zum Beispiel in indem man verhindert, dass sie lernen, ihre Bedürfnisse auf kluge Art und Weise selbst zu befriedigen. Außerdem könnte man dafür sorgen, dass sie von ihren Bedürfnissen verwirrt und überfordert sind. Das System wendet beide Methoden gegen uns an. Als Teil des Systems trifft auch die Schule eine Mitschuld: Sie bildet die Kinder zu klugen und fleißigen Arbeitern aus, versäumt es aber, sie gleichzeitig zu klugen Konsumenten auszubilden. Wer sich mit immer mehr Schulstoff abmühen muss, kann nicht gleichzeitig auf eigene Faust die wirklich wichtigen Dinge lernen.

Das am häufigsten als Köder missbrauchte Bedürfnis ist das Bedürfnis nach Zugehörigkeit. So gut wie alle TV-Werbespots nutzen diesen Köder. Dem Unterbewusstsein des Konsumenten wird suggeriert, dass dieser in der sozialen Hierarchie aufsteigt, wenn er sich das beworbene Produkt zulegt. Das Unterbewusstsein versteht die Botschaft und übersetzt sie in eine gesteigerte empfundene Attraktivität des beworbenen Produktes. Wir kaufen nicht alle Produkte, die wir in der Werbung sehen, aber diejenigen, die vorgeben unsere Bedürfnisse befriedigen zu können, werden uns durch die Werbung besser gefallen, und wir werden sie mit einer etwas höheren Wahrscheinlichkeit kaufen. Das gilt auch für den verbreiteten Fall, dass das als Köder genutzte Bedürfnis offensichtlich nichts mit dem Produkt zu tun haben kann. Eines der am erfolgreichsten beworbenen Produkte überhaupt ist Coca-Cola. Den meisten Coca-Cola-Trinkern schmeckt das Konkurrenzprodukt Pepsi-Cola in einem Blindtest besser. Trotzdem bleiben sie ihrer Marke treu, denn ihrem Unterbewusstsein geht es um weit mehr als nur um den Geschmack. Dass diese Masche funktioniert, liegt auch daran, dass die allermeisten Menschen so arrogant sind zu glauben, dass Werbung nur bei anderen Menschen funktioniert, aber nicht bei ihnen selbst. Da fast alle Menschen so denken, kann es nur ein Trugschluss sein. Werbung funktioniert und zwar bei jedem. Das einzige was gegen Werbung helfen würde, wäre keine unbefriedigten Bedürfnisse zu haben. Jeder Mensch ist aber ein Puzzle an Bedürfnissen, und wer die Bedürfnisse eines Menschen kennt, hat ihn in der Hand.

Es ist interessant, sich einmal zu überlegen, wie viel Geld eine Stunde unsere Zeit den werbefinanzierten Medien wert ist. Wenn man das für die TV-Werbung einmal grob überschlägt, kommt man auf etwa 50 Cent pro Stunde reine Werbung. Man stelle sich einen Münzeinwurf am Fernsehgerät vor. Für den Preis von 50 Cent (pro Person) kann man jeweils eine Stunde reine Werbung überspringen. Wer durchschnittlich viel fernsieht (etwa vier Stunden pro Tag) kann sich für nur 50 Cent locker einen ganzen Abend lang die Werbung ersparen. Wer würde diese Möglichkeit nicht nutzen?

Dass die Werbung natürlich nicht übersprungen werden kann, liegt auch daran, dass die Akteure im Wirtschaftssystem zusammenarbeiten. Viele Medienformate, insbesondere im Internet, existieren einzig und allein deshalb, um die Menschen mit reißerischen Überschriften vor die Werbung zu zerren. Die Medien spielen außerdem eine wichtige Rolle bei der Verstärkung von Bedürfnissen. Je größer der Abstand zwischen den Läufern im 100-Meter-Lauf des Lebens ist, umso größer wird die Unzufriedenheit derjenigen, die zurückliegen, und desto mehr hängen sie sich ins Zeug, um aufzuholen. Die Medien suggerieren den unterbewussten Prozessen, die unsere Unzufriedenheit berechnen, dass prozentual viel mehr Menschen viel weiter in Führung liegen, als es tatsächlich der Fall ist. Sie zeigen uns unverhältnismäßig viele schöne, reiche und glückliche Menschen. Sie blenden fast alle Menschen aus, die nicht zur Spitzengruppe gehören. Die Werbung, die mit diesen Medien unter einer Decke steckt, präsentiert uns gleich im Anschluss die passenden Produkte, die wir kaufen müssen, um dazuzugehören: Autos, Uhren, Parfums, Smartphones, und so weiter.

Unser Problem ist, dass es so lukrativ ist, Ersatzbefriedigungen zu verkaufen, und dass es sich entsprechend auch lohnt, einen großen Aufwand zu betreiben, um sie allerorts und jederzeit leicht erreichbar zu machen. Wenn ich mich einsam fühle, brauche ich nur den Fernseher einzuschalten, und schon fühle ich mich besser – meine Unzufriedenheit ist vorübergehend betäubt. (Interessanterweise haben Studien ergeben, dass Menschen, die regelmäßig TV-Serien schauen, glauben, mehr Freunde zu haben, als sie tatsächlich haben.) Was mein Gefühl von Einsamkeit jedoch eigentlich von mir wollte, war nicht, dass ich den Fernseher einschalte, sondern dass ich vom Sofa aufstehe und vor die Haustür trete. Leider war der Weg zur Fernbedienung kürzer. Da die Ersatzbefriedigung zumindest kurzfristig eine positive Wirkung hat, werden die entsprechenden Netzwerke im Gehirn immer weiter verstärkt, und es fällt in der Folge immer schwerer, die Ersatzbefriedigung nicht zu nutzen. Aufgrund von Gewöhnungseffekten nimmt ihr Nutzen mit der Zeit jedoch immer weiter ab, bis am Ende nur noch die Sucht übrig bleibt, zum Beispiel das Verlangen, ständig auf das Smartphone zu schauen. (Der Durchschnittsdeutsche schaut am Tag rund 90mal auf sein Smartphone. Jugendliche tun es im Durchschnitt 135mal pro Tag.)

Ein weiteres Problem besteht darin, dass wir oft unzufrieden sind, ohne zu wissen in welchem Lebensbereich wir gerade schlecht abschneiden. Das herauszufinden würde mehr Zeit kosten als sich die meisten Menschen heutzutage nehmen. Die nächste Ablenkung, die zugleich auch als Ersatzbefriedigung funktioniert, ist nur einen Mausklick weit entfernt.

Auch die Tatsache, dass die Menschen immer seltener einen Zugang zu ihren Gefühlen finden, sorgt dafür, dass kaum noch jemand weiß, wo es in ihm wirklich brennt. Anstatt persönlich zu wachsen, indem sie die Bedürfnispyramide aufsteigen, bleiben immer mehr Menschen auf der Stufe der sozialen Bedürfnisse hängen. Sie befriedigen sich an ihren Bedürfnissen vorbei und verschwenden ihre Lebenszeit.

Auch Arbeit kann eine Ersatzbefriedigung sein. Nüchtern betrachtet ist Arbeit nur dann sinnvoll, wenn das aus der Arbeit hervorgehende Produkt der adaptiven Befriedigung eines Bedürfnisses dient. Tatsächlich ist es oft aber nicht das Produkt der Arbeit, sondern die Arbeit selbst, die ein Bedürfnis befriedigt. Viele Menschen streben bestimmte Jobs nicht etwa an, weil sie an den Wert der aus ihrer Arbeit hervorgehenden Produkte glauben, sondern weil sie hoffen, dass ihre vermeintlich erstrebenswerte Stellung auf ihren sozialen Status abfärbt, und dass sich dadurch unbefriedigte soziale Bedürfnisse befriedigen lassen.

Was sollte ein Mensch lernen?
Auf diese Frage gibt es mindestens zwei mögliche Antworten, und diese widersprechen sich gegenseitig. Der einzelne Mensch ist daran interessiert, zu lernen seine eigenen Bedürfnisse auf adaptive Art und Weise zu befriedigen. Jeder von uns möchte lange, gesund und glücklich leben, wachsen und sich reproduzieren. Das Wirtschaftssystem, das in seiner aktuellen Form nur dann reibungslos funktioniert, wenn die Wirtschaftsleistung immer weiter ansteigt, hat zwangsläufig andere Pläne für die Menschen. Das Wirtschaftssystem möchte Menschen, die als Berufstätige Höchstleistungen erbringen und als Verbraucher möglichst dumme Konsumentscheidungen treffen. Das Wirtschaftssystem wünscht sich Menschen in einem Hamsterrad, in dem sie sich abmühen ohne voranzukommen. Das klappt dann am besten, wenn die Grundbedürfnisse, insbesondere die sozialen Bedürfnisse, unbefriedigt bleiben. Jeder von uns möchte lernen, seine Grundbedürfnisse selbst zu befriedigen – das System möchte verhindern, dass wir diese Fähigkeit erwerben. Es liegt nicht an einzelnen bösen Menschen, sondern am System. Niemand muss sich diesem System unterordnen. Die einzig mögliche Form der Rebellion ist

selbstbestimmt zu lernen, das heißt auf eine Art und Weise und Inhalte zu lernen, die einem selbst und nicht bloß dem Wirtschaftssystem dienen.

ARTEN DES LERNENS

*„Die meisten Menschen sind bereit zu lernen,
aber nur die wenigsten, sich belehren zu lassen."*

Winston Churchill

Auf Basis von Sinneseindrücken und Erfahrungen erstellen unbewusste Prozesse in unserem Gehirn ständig Prognosen, die in einem zweiten Schritt mit den tatsächlichen Geschehnissen abgeglichen werden. Abweichungen werden von einem Fehlerdetektor festgestellt. Das Aktivwerden des Fehlerdetektors dient dem Gehirn als Hinweis, dass es etwas zu lernen gibt. Wenn ich einen Stein vom Boden aufhebe und das Gewicht des Steins unerwartet ist, wird mein Fehlerdetektor aktiv und ich verspüre den Drang, den Stein näher zu untersuchen. Mein Gehirn erwartet, dass mein Nachbar ein bestimmtes Spektrum an Reaktionen zeigt, wenn ich ihn morgens im Flur begrüße. Wenn er völlig unerwartet reagiert, dann schlägt mein Fehlerdetektor ebenfalls an, und ich verspüre den Drang, seinem seltsamen Verhalten auf den Grund zu gehen (zum Beispiel indem ich sein Verhalten in einem Gespräch mit anderen Nachbarn anspreche).

Solange die Geschehnisse im Bereich der Erwartungen liegen, besteht aus Sicht des Gehirns kein Grund, in einer ähnlichen Situation in Zukunft andere Erwartungen zu haben. Wenn der Fehlerdetektor jedoch Abweichungen festgestellt hat, dann werden Lernprozesse in Gang gesetzt, damit das Gehirn künftig bessere Prognosen erstellen kann. Von der Qualität unserer Prognosen hängt schließlich ab, wie effizient wir unsere Bedürfnisse befriedigen können.

Übrigens lässt sich die Aktivität des Fehlerdetektors als sogenannte ERN-Welle mit einem Elektroenzephalographen (EEG) messen. Wann immer wir einen Fehler bemerken, tritt die ERN-Welle auf. ERN steht für *Error-related negativity*, einen charakteristischen Spannungsverlauf.

Es gibt verschiedene Arten des Lernens. Einige von ihnen laufen unbewusst und damit unbemerkt ab, während andere Arten des Lernens von einem bewussten kognitiven Verarbeitungsprozess abhängen – sie erfordern bewusstes Nachdenken. Jede Art des Lernens lässt sich einer von zwei Kategorien zuordnen. Im Rahmen des sogenannten *assoziativen* Lernens werden völlig neue Zusammenhänge gelernt, während es beim *nicht-assoziativen* Lernen darum geht, die bereits bekannten Zusammenhänge anders zu gewichten, sie also entweder zu verstärken oder abzuschwächen.

Schauen wir uns die verschiedenen Arten des Lernens auf den folgenden Seiten einmal genauer an.

AUS ERFAHRUNG LERNEN

HABITUATION UND SENSITIVIERUNG

In meiner Kindheit habe ich mit meiner Familie neben einem Kirchturm gewohnt, der rund um die Uhr akustisch die Uhrzeit verkündet hat. Obwohl die Glocken nachts zu jeder vollen Stunde läuteten, wachten wir nie davon auf. Zu unserer Überraschung berichteten aber fast alle Übernachtungsgäste beim Frühstück davon, dass sie das Läuten der Glocken beim Schlafen gestört hatte. Die unterschiedliche Reaktion auf das Glockengeläut war das Ergebnis einer sogenannten Habituation. Nachdem wir Jahre zuvor neben die Kirche gezogen waren, hatten wir uns innerhalb weniger Nächte an das Geläute gewöhnt. Unsere Gehirne hatten die Erfahrung gemacht, dass das Läuten der Glocken sehr wahrscheinlich mit keiner Gefahr für unsere Sicherheit in Verbindung stand und sahen schließlich keinen Anlass mehr, uns wach werden zu lassen. Die Gehirne unserer Gäste hingegen waren noch nicht so weit. Sie schlugen Alarm und weckten die Gäste auf, damit sie bei vollem Bewusstsein auf eine mögliche Gefahr reagieren konnten. Wären unsere Gäste länger geblieben, dann hätte auch sie sich an das Glockengeläut gewöhnt.

Das Gegenteil der Habituation ist die sogenannte Sensitivierung. Hier wird die Wahrnehmung eines Reizes mit der Zeit verstärkt, weil das Gehirn lernt, dass der Reiz bedeutsamer ist, als anfänglich gedacht.

Bei Habituation und Sensitivierung handelt es sich um nicht-assoziative Arten des Lernens, die mit einer Umstrukturierung von Nervennetzwerken einhergehen. Entgegen der Vorstellung vieler Menschen kann man sich nicht einfach bewusst dazu entschließen, einen bestimmten Reiz verstärkt oder weniger stark wahrzunehmen.

Dass man von nächtlichem Lärm nicht wach wird, bedeutet übrigens nicht, dass man keine negativen Auswirkungen zu befürchten hätte. Auch im Schlaf wird der Körper durch nächtlichen Lärm in einen Stresszustand versetzt.

KONDITIONIERUNG

Seit unserer Kindheit wissen wir, dass wir die Möglichkeit haben, unseren Hunger zu stillen, indem wir in die Küche gehen, den Kühlschrank öffnen, eine bestimmte Verpackungen entnehmen und die darin enthaltene Nahrung in unseren Mund stecken. Kauen nicht vergessen! Routinen wie diese scheinen trivial zu sein, aber in vielen Fällen musste unser Gehirn jeden einzelnen Schritt von Grund auf lernen. Als Neugeborene wussten wir nicht, was Nahrung ist, geschweige denn ein Kühlschrank. Nur das Bedürfnis, keinen Hunger zu verspüren, war schon vorhanden. Was unsere Gehirne damals getan haben, lässt sich mit einem Begriff beschreiben, für den es keine gute Übersetzung zu geben scheint: *Reverse Engineering*. Unsere Gehirne haben sich gemerkt, nach welchen Handlungen unser Hunger gestillt war. Dann haben sie sich gemerkt, welche Handlungen diesen Handlungen vorausgegangen waren. Und immer so weiter. Wir haben eine Art Landkarte von Handlungen erschlossen, über die sich ein Hunger stillen lässt. Anders ausgedrückt: Wir wurden darauf konditioniert, bei Hunger bestimmte Serien von Handlungen durchzuführen, um den Hunger zu stillen.

Eine Konditionierung ist eine Verknüpfung zwischen einem Reiz und einer Reaktion. Da der Reiz die Reaktion auslöst, wird er als *Auslösereiz* bezeichnet. Im Rahmen der Konditionierung werden die Beziehungen zwischen bestimmten Ereignissen gelernt. Was tritt in unserer Welt zeitlich und räumlich gemeinsam auf? Welche Reize können welche anderen

Reize vorhersagen? Die Konditionierung wurde Anfang des 20. Jahrhunderts von dem russischen Forscher und späteren Nobelpreisträger Iwan Pawlow an Hunden entdeckt. Pawlow hatte bemerkt, dass bei seinen Hunden Speichelfluss einsetze, sobald seine Schritte in der Nähe des Zwingers zu hören waren. Die Hunde schienen gelernt zu haben, die Schrittgeräusche als Hinweis auf die bevorstehende Fütterung zu verstehen. Um seine Hypothese zu überprüfen ließ Pawlow vor jeder Fütterung eine Glocke läuten. Nach einer Weile löste auch das Läuten der Glocke bei den Hunden Speichelfluss aus.

Neben körperlichen Reaktionen wie Speichelfluss können auch Handlungen, Denkmuster und Gefühle konditioniert werde. Eine Konditionierung kann bewusst oder unbewusst sein und ein Leben lang bestehen bleiben. Jeder Mensch kann darauf konditioniert werden, in einer bestimmten Situation ein bestimmtes Gefühl zu haben. Viele Erwachsene fühlen sich in Schulen und Krankenhäusern unwohl, ohne zu wissen warum sie so fühlen.

Es gibt zwei grundverschiedene Arten der Konditionierung. Die sogenannte *klassische Konditionierung* liegt vor, wenn ein neuer Reiz mit einer Routine geknüpft wird, die anderweitig bereits zum Einsatz kommt. Dies war bei den Pawlowschen Hunden der Fall. Speichelfluss war eine Reaktion, die in einem anderen Kontext bereits existierte.

Bei der sogenannten *operanten Konditionierung*, die man auch als *instrumentelle Konditionierung* bezeichnet, wird das Verhaltensrepertoire um eine neue Routine erweitert. Die operante Konditionierung tritt auf, wenn wir nach dem Prinzip Versuch-und-Irrtum nach völlig neuen Problemlösungen suchen.

Das Ziel eines konditionierten Verhaltens besteht entweder darin, ein Bedürfnis zu befriedigen oder ein negatives Gefühl zu vermeiden. In einer Umgebung in der Fehler, wie zum Beispiel Rechen-, Lese- und Rechtschreibfehler, bestraft werden, werden Schüler kurzfristig weniger Fehler machen, aber gleichzeitig werden sie darauf konditioniert das Rechnen, Lesen und Schreiben weitgehend zu vermeiden, denn es wird ihnen negative Gefühle bescheren. Strafen wirken auch deswegen lernverhindernd, weil Angst den Geist einengt: Im Zustand der Angst fallen uns keine guten Versuche für Versuch-und-Irrtum ein. Ein Verhaltensrepertoire kann jedoch nur nach dem Prinzip Versuch-und-Irrtum erweitert werden, das heißt Fehler gehören zum Lernen dazu. Je mehr unbeabsichtigte Fehler man macht, umso mehr lernt man. Anstatt Fehler zu bestrafen und dadurch Passivität zu fördern, sollte die Schule Fehler in bestimmten Phasen belohnen. Die Natur hat dieses Prinzip verstanden: Sie hat die Kinder mit einem Spieltrieb ausgestattet, der sie dazu veranlasst, mehr oder weniger nach dem Zufallsprinzip neue Dinge auszuprobieren. Spielen ist Lernen. Leider verstehen viele Erwachsene nicht, worauf es beim Spiel der Kinder ankommt. Sie fühlen sich unwohl, wenn das Verhalten der Kinder unvorhersehbar oder gefährlich wirkt. Um sich selbst ein besseres Gefühl zu verschaffen, verhindern sie, dass ihre Kinder Fehler machen und behindern dadurch das Lernen.

Wer Fehler verbietet, konditioniert Menschen darauf, sich in einer unbekannten Umgebung passiv zu verhalten, anstatt die neue Umgebung über Versuch-und-Irrtum zu erkunden. Und da es beängstigend ist, sich in einer neuen Umgebung nicht zurechtzufinden und auch nichts dagegen tun zu können, verschanzen sich die Betroffenen in ihrer gewohnten Umgebung.

Wir leben in einer Welt, in der es keine einhundertprozentige Sicherheit geben kann. Wir entscheiden uns nicht für oder gegen Fehler, sondern die Entscheidung lautet: Riskiere ich den Fehler jetzt oder verschiebe ich ihn auf später. Dabei gilt, dass die negativen Auswirkungen der Fehler durch das Aufschieben fast immer schwerwiegender und weitreichender werden. Das Aufschieben von Fehlern ist daher selbst ein Fehler – ein Fehler zweiter Ordnung.

ERLERNTE HILFLOSIGKEIT

Die erlernte Hilflosigkeit ist eine besondere Form der Passivität. Der Begriff wurde 1967 von Martin Seligman geprägt, nachdem er ein Experiment mit Hunden durchgeführt hatte. Ein Versuchstier befand sich in einem geschlossenen Käfig, der für eine kurze Zeit unter Strom gesetzt wurde (Käfig A). Da das Tiere nicht entkommen konnten, hatte es keine andere Wahl, als die Elektroschocks über sich ergehen zu lassen. Anschließend kam das gleiche Tier in einen zweiten Käfig, der eine Fluchtmöglichkeit in Form eines Ganges nach draußen bot (Käfig B). Als auch dieser Käfig unter Strom gesetzt wurde, flüchtete das Tier jedoch nicht, sondern es ertrug sein Schicksal wie zuvor in Käfig A. Die Tiere einer Kontrollgruppe, denen die Behandlung in Käfig A erspart geblieben war, flüchteten sofort aus Käfig B, als dieser unter Strom gesetzt wurde.

Später konnte gezeigt werden, dass die erlernte Hilflosigkeit auch bei Menschen möglich ist. Wer einmal gelernt hat, dass er einer unangenehmen Situation ausgeliefert ist, weil er nichts zur Besserung seiner Lage beitragen kann, bleibt dieser Erkenntnis dauerhaft treu – auch unter der Bedingung, dass es ihm inzwischen möglich wäre, seine Lage zu verbessern. Die erlernte Hilflosigkeit könnte eine von vielen Ursachen der Depression sein.

Einige Menschen sind der Ansicht, dass jeder Fehler nur ein einziges Mal gemacht werden dürfe – um daraus zu lernen. Diesem Glauben liegt ein viel zu einfaches Weltbild zugrunde. Die erlernte Hilflosigkeit beweist, dass es durchaus sinnvoll sein kann, einen vermeintlichen Fehler von Zeit zu Zeit zu wiederholen.

VON ANDEREN MENSCHEN LERNEN

Die Wissenschaft ging lange Zeit davon aus, dass Habituation, Sensitivierung und Konditionierung die einzigen Lernformen sind. Dabei liegt der Vorteil des sozialen Lernens klar auf der Hand. Durch Beobachtung und Imitation lassen sich viele Dinge deutlich schneller und mit weniger Risiko lernen.

LERNEN AM MODELL

Für ein Experiment wurden Kinder im Vorschulalter in drei Gruppen eingeteilt. In jeder Gruppe wurde eine andere Variante eines Kurzfilms gezeigt. Der Anfang der Filme war identisch: Ein Erwachsener namens Rocky verhielt sich aggressiv gegenüber einer großen Puppe mit dem Namen Bobo. Rocky schlug, trat und beschimpfte die Puppe. Das Ende des Films variierte von Gruppe zu Gruppe. In Gruppe eins wurde Rocky für sein Verhalten mit Süßigkeiten belohnt, während er in der zweiten Gruppe bestraft wurde. Die dritte Gruppe war die Kontrollgruppe (hier hatte Rockys Verhalten keinerlei Konsequenzen). Nachdem ein Kind einen der Filme gesehen hatte, brachte man es in ein Spielzimmer, in dem es neben anderen Spielzeugen auch die Puppe Bobo gab. Bobo war so groß, dass es unmöglich war, ihn zu übersehen. Wie würde sich das

Kind verhalten? Im Vergleich zur Kontrollgruppe, wurde Rocky von den Kindern der ersten Gruppe häufiger, und von den Kindern der zweiten Gruppe seltener imitiert. Die Jungen neigten eher zur Imitation als die Mädchen. Als man allen Kindern eine Belohnung in Form von Süßigkeiten versprach, waren alle aggressiv gegenüber Bobo, wobei sich die Mädchen auffälliger verhielten als die Jungen.

Albert Bandura, der das Experiment in den 1960er Jahren durchgeführt hatte, schlussfolgerte, dass das Lernen eines Verhaltens und die Reproduktion des Verhaltens zwei Paar Schuhe sind. Alle Kinder hatten Rockys Verhalten gelernt, aber nur diejenigen, die sich ein positives Ergebnis versprachen, imitierten ihn. Durch das Beobachten des Verhaltens anderer Menschen zu lernen, wird als Lernen am Modell, Modelllernen oder auch soziales Lernen bezeichnet. Während wir das Verhalten anderer Menschen beobachten, läuft in unserem Gehirn ein Vorgang ab, der als Spiegeln bezeichnet wird. Im Gehirn der beobachtenden Person sind genau die gleichen Gehirnzentren aktiv, wie im Gehirn der beobachteten Person. Etwas vereinfacht gesprochen simuliert das beobachtende Gehirn das beobachtete Verhalten, um zu erfahren, welche Auswirkungen es hätte, das Verhalten selbst an den Tag zu legen.

Das Spiegeln wurde in den 1990er Jahren rein zufällig entdeckt. Die Forscher einer italienischen Arbeitsgruppe hatten einzelne Nervenzellen eines Affen an ein Messgerät angeschlossen. Zu ihrem Erstaunen stellten sie fest, dass diejenigen Nervenzellen, die aktiv waren wenn der Affe nach einer Nuss griff, auch aktiv wurden, wenn der Affe nur zusah, wie die Greifbewegung von einem Menschen ausgeführt wurde. Später konnte das Spiegeln auch an Menschen nachgewiesen werden.

Beim sozialen Lernen lassen sich zwei Phasen unterscheiden, die als Aneignungsphase und Ausführungsphase bezeichnet werden. Während der Aneignungsphase beobachten wir das Modell bei einer bestimmten Tätigkeit. Durch das Spiegeln kommt es zu dauerhaften Veränderungen in unserem eigenen Gehirn, die uns in die Lage versetzen, das beobachtete Verhalten in Zukunft selbst auszuführen. Aus gutem Grund beobachten wir nicht alle Menschen bei allem was sie tun, sondern nur bestimmte Menschen in bestimmten Situationen. Wir wählen unsere Modelle nach bestimmten Kriterien aus. Am liebsten lernen wir von Menschen, die uns ähnlich sind, und die bereits den Erfolg haben, den wir uns wünschen. Vermutlich kann eine Aneignung nur auf der Stufe der Aufmerksamkeit verhindert werden. Wer Menschen beobachtet, lernt. Wer die Verhaltensweisen, Einstellungen oder Meinungen von anderen Menschen nicht lernen möchte, darf diese Menschen entsprechend nicht beobachten. Warum Kinder ihren Eltern und Lehrern manchmal keine Aufmerksamkeit schenken? Vielleicht weil ihr Gehirn entschieden hat, dass es in diesem Moment nicht von ihnen lernen möchte.

Es ist wichtig zu verstehen, dass wir genau das beobachtete Verhalten lernen. Wer Kinder ermahnt oder schlägt, lehrt sie das Ermahnen beziehungsweise Schlagen. Dass wir uns ein bestimmtes Verhalten durch Beobachtung angeeignet haben, bedeutet nicht, dass wir dieses Verhalten auch selbst zeigen. Ein Jugendlicher, der in einem Film brutale Gewalt gesehen hat, wendet noch lange nicht selbst brutale Gewalt an. Im Gegensatz zu einer Person, die gar nicht weiß, dass es brutale Gewalt gibt, kann unser Jugendlicher die Gewalt aber in Erwägung ziehen. Wenn wir eine bestimmte Handlung in Erwägung ziehen, dann malen wir uns die Folgen in Gedanken aus. Nur wenn wir diese Folgen wünschen, führen wir die Handlung aus. Ob wir eine Handlung tatsächlich durchführen, hängt außerdem davon ab, ob wir uns kompetent fühlen, was wiederum davon abhängt, welche Erfahrungen wir in der Vergangenheit bereits gemacht haben.

Was wir bei anderen Menschen beobachten, wirkt sich interessanterweise nicht nur auf unser Verhaltensrepertoire aus, sondern auch auf unsere Leistungsfähigkeit. Lange Zeit galt es als unmöglich, eine englische Meile (1.609 Meter) in unter vier Minuten zu laufen. Nachdem Roger Bannister am 6. Mai 1954 gezeigt hatte, dass es doch möglich war, war die Blockade gebrochen. Seitdem wurde die 4-Minuten-Marke von hunderten Läufern um bis zu 16 Sekunden unterboten.

Sich mit Vorbildern zu befassen, die erreicht haben, was man für sein eigene Leben wünscht, dürfte einer der effektivsten Wege des Lernens sein – nicht weil sich diese Menschen besser auskennen, als die Theoretiker, sondern weil ihre Errungenschaften ihnen Glaubwürdigkeit verleihen, wodurch wir in besonderem Maßen motiviert sind, von ihnen zu lernen.

MEME – VIREN DES GEISTES

Bewusstseinsinhalte, die wir durch Abgucken lernen, werden von Biologen als *Meme* bezeichnet. Neben Verhaltensweisen fallen auch Theorien und Überzeugungen darunter. Wir alle tragen haufenweise Meme in uns, die wir einmal von anderen übernommen haben. Einige Meme sind unwahr. Ein verbreitetes unwahres Mem ist die Überzeugung, dass jeder Mensch im Laufe seines Lebens rund einhundert Insekten verspeist. Angeblich krabbeln sie uns nachts in den Mund, und wir schlucken sie herunter. Ein ebenfalls sehr beliebtes aber unwahres Mem ist die Überzeugung, dass Eskimos etwa einhundert verschiedene Wörter für Schnee kennen. Natürlich gibt es auch wahre Meme. Meme weisen eine gewisse Ähnlichkeit zu Genen auf, daher auch ihr Name.

Eine Gemeinsamkeit von Memen und Genen ist, dass sie vererbt werden und mutieren können. Der Vererbung von Genen sind natürlich Grenzen gesetzt, denn diese können nur auf biologischem Wege von einer an die nächste Generation weitergegeben werden. Die Geschwindigkeit der Vererbung von Memen ist dagegen nicht begrenzt, und sie kann in alle Richtungen erfolgen. Jeder Mensch kann ein Mem an jeden anderen Menschen weitergeben – vorausgesetzt der Empfänger nimmt es an. Genau wie Gene bei der Vererbung mutieren können, können auch Meme mutieren. So wuchs die Anzahl der Wörter, die Eskimos angeblich für Schnee kennen, in den letzten Jahrzehnten deutlich an. Es sind verschiedene Zahlen in Umlauf. Es gibt immer wieder Menschen, die bei der Weitergabe höhere Zahlen nennen, um die Geschichte spektakulärer erscheinen zu lassen. Bei den Genen setzen sich nur solche Mutationen durch, die seinem Träger einen Vorteil verschaffen. Bei Memen ist das anders. Ob das Mem nützlich oder wahr ist, spielt keine Rolle, denn

Meme sind viel zu schnelllebig, als dass sie auf ihren praktischen Nutzen überprüft werden könnten. Es verbreiten sich vor allem solche Meme, die bestimmte Eigenschaften aufweisen, wie zum Beispiel die Eigenschaft, Aufmerksamkeit zu erregen. Forscher haben 4,5 Millionen Nachrichten des Kurznachrichtendienstes Twitter, sogenannte Tweets untersucht und dabei festgestellt, dass sich Falschmeldungen im Durchschnitt mit 70% höherer Wahrscheinlichkeit verbreiteten als wahre Meldungen. Dass ihre Studie nicht in irgendeinem Feld-Wald-und-Wiesen-Journal sondern im renommierten Wissenschaftsmagazin Science veröffentlicht wurde, zeigt wie relevant diese Entdeckung ist. Falsche Meldungen, die sich in Windeseile verbreiten, können enorme Schäden anrichten. Im Jahr 2013 vernichtete eine Falschmeldung über ein angebliches Attentat auf Barack Obama kurzzeitig 130 Milliarden Dollar an der Börse. Als bekannt wurde, dass die Meldung falsch war, erholten sich die Kurse wieder.

Warum verbreiten sich falsche Meldungen schneller als wahre Meldungen? Menschen verbreiten Meldungen, die bestimmte Gefühle in ihnen auslösen. Es gibt aktivierende Gefühle, wie zum Beispiel Wut und Freude, und es gibt lähmende Gefühle, wie zum Beispiel Trauer, Scham und Ekel. Nachrichten die aktivierende Gefühle auslösen, werden mit einer deutlich höheren Wahrscheinlichkeit verbreitet. Zu jeder wahren Meldung lässt sich leicht eine falsche Meldung konstruieren, die ein höheres Verbreitungspotential hat. Auch im echten Leben verbreiten die Menschen lieber interessantes Falsches als uninteressantes Wahres, aber in den Sozialen Netzwerken ist die Reichweite und Verbreitungsgeschwindigkeit um ein Vielfaches höher. Über die Sozialen Netzwerke können sich natürlich nur solche Meme schnell verbreiten, die von der immer weiter sinkenden Aufmerksamkeitsspanne der durchschnittlichen Medienkonsumenten erfasst werden können. Komplizierte Meme sind weniger erfolgreich.

Da der Mensch in den meisten Fällen die Mehrheitsmeinung als Wahrheit übernimmt, also das glaubt, was von der Mehrheit der Menschen geglaubt wird, glauben die meisten Menschen an einfache Wahrheiten. (Da wir in den allermeisten Fällen gar nicht die Möglichkeit haben, selbst herauszufinden, was wahr ist, ist diese Herangehensweise nicht dumm.) Dieser weitgehend unbewusst ablaufende Prozess wird als *informativer sozialer Einfluss* bezeichnet. Wir sind davon überzeugt, dass sich bestimmte geschichtliche Ereignisse auf diese oder jene Weise zugetragen haben, obwohl wir bei keinem dieser Ereignisse anwesend waren. Wir glauben an unsere Version der Geschichte, weil die Mehrheit daran glaubt.

Die Medien haben sehr viel Macht, denn sie können den einzelnen Leser, Hörer oder Zuschauer glauben lassen, dass viele andere Menschen dieser oder jener Meinung sind, und so können sie auf diese Art seine Meinung prägen.

In einem Experiment zeigte man einer Gruppe von Menschen Karten mit drei unterschiedlich langen Linien A, B und C. Die Aufgabe bestand darin, der Reihe nach laut anzusagen, welche der drei Linien die Länge einer Vergleichslinie X hatte. Es gab nur einen echten Probanden, alle anderen Teilnehmer waren eingeweihte Schauspieler, deren Aufgabe darin bestand, an einem bestimmten Punkt des Experimentes die gleiche falsche Antwort zu geben. Wie würde die Versuchsperson reagieren? Würde sie die korrekte Antwort geben, oder würde sie sich der offensichtlich falschen Mehrheitsmeinung anschließen? Im Kern geht es darum, herauszufinden, was den Menschen wichtiger ist: Die Wahrheit zu sagen und dabei zu riskieren, anzuecken und schlimmstenfalls aus ihrer Gruppe ausgeschlossen zu werden, oder auf die Wahrheit zu verzichten, um kein Risiko einzugehen.

Wir alle stammen von Vorfahren ab, die nicht aus ihren Gruppen ausgeschlossen wurden, denn Verstoßene waren dazu verdammt, keine Nachfahren zu haben. Das Bedürfnis, Teil der Gruppe zu bleiben, liegt in unseren Genen. Entsprechend verhielten sich auch die Probanden. Nur rund ein Viertel der Versuchspersonen blieb das ganze Experiment über stets bei der Wahrheit. Alle anderen passten sich zumindest in einigen Durchgängen der falschen Mehrheitsmeinung an. In Kontrollversuchen gaben die Testpersonen ausschließlich richtige Antworten, das heißt die Wahrheit war leicht zu erkennen. Während des eigentlichen Versuchs hatten sie sich aus taktischen Gründen bewusst für die Mehrheitsmeinung entschieden. Im wahren Leben ist die Wahrheit selten so klar zu erkennen wie im Experiment. Hier kann die Mehrheitsmeinung sogar unsere Wahrnehmung beeinflussen. Wenn wir die Wirklichkeit der Mehrheit kennen, dann sehen auch unsere Augen diese Wirklichkeit. Meme sind Wahrnehmungsfilter.

Es gibt Meme, die unwahr und deswegen schädlich sind, aber nicht ohne weiteres als unwahr erkannt werden können, weil die Mehrheit sie für wahr hält. Richard Dawkins bezeichnet diese Meme als Viren des Geistes. Sie schränken unsere Entwicklung ein, weil sie bestimmte Sichtweisen tabuisieren. Viren des Geistes treten insbesondere bei Fragestellungen auf, bei denen eine bestimmte Sichtweise als politisch korrekt gilt. Die Viren des Geistes treten gerne in Gruppen auf. Dawkins hat postuliert, dass Meme als Gruppe, sogenannte *Memplexe*, im Vergleich zu einzelnen Memen leichter weitergegeben werden können. Wenn wir unwahren Überzeugungen zum Opfer gefallen sind, dann ist die Wahrscheinlichkeit groß, dass auch damit zusammenhängende Überzeugungen unwahr sind. Falsche Überzeugungen gleichen keinem einzelnen Fehlerpixel in einem ansonsten wahrheitsgetreuen Bild – tatsächlich ist ein größerer Teil des Bildes verfälscht.

Vor einer Weile lief ich an einem Fluss entlang und sah am Ufer ein kleines Reh stehen. Als ich näher kam, erkannte ich, dass es kein Reh sondern eine Parkbank war. Meine Wahrnehmung sprang von einem auf den anderen Moment von Reh auf Parkbank um. Zu keinem Zeitpunkt sah ich den Körper eines Rehs mit den Beinen einer Parkbank oder eine Parkbank mit den Beinen eines Rehs. Das Gehirn achtet auf eine innere Logik, aber das Gesamtkonstrukt kann falsch sein. Ein rationaler Mensch ist niemand, der die absolute Wahrheit sieht (falls es eine absolute Wahrheit überhaupt gibt), sondern jemand, in dessen Weltbild es keine internen Widersprüche gibt. Sofern ihre Sichtweisen frei von inneren Widersprüchen sind, sind Kreationisten nicht weniger rational als Anhänger der Urknalltheorie. Kein Mensch ist zu einhundert Prozent rational.

Sich persönlich weiterzuentwickeln bedeutet, sich Wissen und effektivere Strategien zur Bedürfnisbefriedigung anzueignen. Um dieses Ziel zu erreichen, muss nicht zwingend etwas Neues gelernt werden. Es ist ebenso zielführend, sich von falschen Überzeugungen und schlechten Strategien zu trennen. Was das Ausmisten falscher Überzeugungen schwierig macht, ist die Tatsache, dass wir unsere falschen Überzeugungen für wahr halten. Wir erkennen leicht, wenn andere Menschen auf dem Holzweg sind, aber an uns selbst fällt uns das nicht auf. Aus gutem Grund schützt unsere Psyche alle unsere Überzeugungen davor, leicht widerlegt werden zu können. Sportler und deren Trainer wissen, dass die Korrektur einer falsch gelernten Bewegung um ein Vielfaches aufwändiger ist, als das Lernen einer komplett neuen Bewegung. Dass das Gehirn keine Löschen-Funktion hat, liegt daran, dass hinter allem Gelernten Nervennetzwerke stehen. Einmal entstanden, kann ein solches Netzwerk nicht einfach wieder abgebaut werden. Wer etwas falsch Gelerntes korrigieren möchte, muss ein neues, alternatives Netzwerk aufbauen, das so stark sein muss, dass es das alte Netzwerk dominiert. Um ein zweites Mal umzulernen, müsste das stärkere Netzwerk von einem noch stärkeren Netzwerk dominiert werden. Und immer so weiter. Unsere Überzeugungen können daher nicht beliebig oft verändert werden. Unser Gehirn hat daher gute Gründe, wenn es an unseren Überzeugungen so lange festhält, bis keine Zweifel mehr bestehen, dass die neuen Überzeugungen deutlich besser für uns sind. Wir schützen unsere Überzeugungen, indem wir gezielt nach Bestätigung suchen und den Quellen, die eine gegenteilige Sichtweise verbreiten, gezielt aus dem Weg gehen. Die meisten Menschen ändern ihre Überzeugungen kein einziges Mal. Daher gilt: Nicht gelernt ist besser als falsch gelernt! Hier zeigt sich außerdem wieder, warum das Gehirn eine gute Strategie verfolgt, wenn es sich genau überlegt, wann und von wem es überhaupt lernen möchte, und von wem lieber nicht.

AKTIVES LERNEN

LERNEN DURCH EINSICHT

Ein großer Nachteil der Konditionierung ist, dass diese Art zu lernen nur dann funktioniert, wenn die Belohnung unmittelbar erfolgt. Wir können leicht darauf konditioniert werden, uns am laufenden Band Zucker in den Mund zu stecken, aber man wird uns niemals darauf konditionieren können, freiwillig in eine private Altersvorsorge einzuzahlen, um im Alter davon zu profitieren. Dass wir Menschen im Allgemeinen eher kurzsichtig handeln und die schnelle kleine Belohnung der großen aber verspäteten Belohnung vorziehen, dürfte daran liegen, dass unser Verhaltensrepertoire überwiegend Verhaltensweisen enthält, die wir durch Konditionierung gelernt haben.

Verhaltensweisen, die zu keiner unmittelbaren Belohnung führen, müssen auf anderem Wege gelernt werden. Eine solche höhere Lernform ist das soziale Lernen, mit dem wir uns bereits beschäftigt haben. Ein Nachteil am sozialen Lernen ist, dass wir nur solche Meme lernen können, die sich bei anderen Menschen beobachten lassen. Bewusstseinsinhalte, die die Menschen zwar im Kopf haben, aber nicht preisgeben, können wir nicht kopieren.

Eine Lernform, durch die wir völlig neue Einsichten gewinnen können, und die ohne unmittelbare Belohnungen auskommt, ist das *Lernen durch Einsicht*. In unserem Gehirn existiert ein Modell der Welt, das unter anderem die physikalischen Gesetze und die Denk- und Handlungsweisen von Modell-Menschen, sogenannten Stereotypen enthält. Mit Hilfe dieses Modells können wir Simulationen durchführen, das heißt wir können unser Gehirn die Folgen bestimmter Handlungen vorhersagen lassen. So können wir zu völlig neuen Einsichten gelangen. Die Genauigkeit unserer Simulationen sollte weder unter- noch überschätzt werden. Wenn ich mir vorstelle, wie ich mit meinen Fingernägeln über eine Schiefertafel kratze, dann stellen sich mir die Nackenhaare auf und mein Simulator prophezeit ein schmerzhaftes Geräusch. Dieses Geräusch ist ein Produkt meiner Fantasie. Ich habe es vor einiger Zeit ausprobiert und musste zu meinem Erstaunen feststellen, dass überhaupt kein Geräusch entstand. Und meine Fingernägel sind mir auch nicht ausgefallen. Die Ergebnisse unserer Simulationen scheinen systematisch verzerrt zu sein. Handlungen mit negativem Ausgang werden mit einem Schuss extra-Drama versehen, und Handlungen mit positivem Ausgang werden in die positive Richtung übertrieben. Wir überschätzen, wie gut sich ein Lottogewinner ein Jahr nach seinem Gewinn fühlt, und wie schlecht sich ein Querschnittsgelähmter ein Jahr nach seinem lähmenden Unfall fühlt. (Studien haben gezeigt, dass sich beide schon ein Jahr nach ihrem Schicksalstag kaum anders fühlen als in der Zeit davor.) Wenn Lottospieler wüssten, wie wenig sich ihre Lebensqualität durch einen Gewinn tatsächlich verändern würde, dann würden sie möglicherweise gar nicht spielen. Und wenn überbesorgte Eltern wüssten, wie robust ihr Kind ist und wie sehr es auch von negativen Erfahrungen profitieren kann, dann würden sie schmerzhaftes, mühevolles Lernen nicht von vornherein verhindern.

In vielen Fällen nutzen wir unseren Simulator scheinbar rückwärts, das heißt wir überlegen uns nicht, was wohl passiert, wenn wir den Stecker in die Steckdose stecken, sondern wir fragen uns, was wir tun müssen, damit der Staubsauger läuft. Wir haben ein Problem, und unser Gehirn simuliert unbewusst alle möglichen Handlungen, bis es auf eine Handlung stößt, die das Problem lösen könnte. Diese Handlung steigt uns als Idee ins Bewusstsein auf. Interessanterweise kommen uns diese Einfälle in der Regel nicht, während wir gerade versuchen, die Problemlösung bewusst auszubrüten, sondern unverhofft und ganz plötzlich, während wir gerade einer völlig anderen Beschäftigung nachgehen. Mir persönlich kommen die besten Ideen meist nach Feierabend beim Joggen im Wald. Das ist kein Zufall sondern ein typisches Merkmal des sogenannten intuitiven Problemlösens.

LERNEN DURCH ERFORSCHEN

Beim Lernen durch Einsicht wird der Ausgang einer Handlung im Kopf simuliert. Insbesondere was den Ablauf zwischenmenschlicher Interaktionen betrifft, kann das Ergebnis solcher Simulationen mitunter stark von dem abweichen, was in der Realität passieren würde. Beim Lernen durch Erforschen tritt dieses Problem nicht auf, denn hier werden die Erkenntnisse durch reale Experimente gewonnen. Man erfährt, was wirklich passiert. Nicht beim Lernen durch Einsicht, wohl aber beim Lernen durch Erforschen können sogenannte *unbekannte Unbekannte* entdeckt werden, Dinge und Ereignisse, die in einer Simulation niemals auftreten würden, weil sie auf Basis des aktuellen Vorwissens nicht vorstellbar sind.

In einer neuen Umgebung zeigen Tiere ein Verhalten, das als Erkundungsverhalten bezeichnet wird. Beim Menschen spricht man vom explorativen Verhalten. Dieses ist von Mensch zu Mensch stark unterschiedlich ausgeprägt. Dass Menschen so unterschiedlich auf eine neue Umgebung reagieren, hat unter anderem damit zu tun, dass das explorative Verhalten beim Menschen vom sogenannten Bindungsverhalten abhängt. Wir werden nur dann zu Forschern und Entdeckern, wenn wir uns in Sicherheit wägen. Sicherheit geben uns unsere zwischenmenschlichen Beziehungen.

Eine Bindung ist eine enge emotionale Beziehung zwischen zwei Menschen. Um überleben zu können, muss ein Neugeborenes eine dauerhafte Bindung zu mindestens einer Bezugsperson aufbauen. Der Säugling zeigt so lange ein genetisch vorgeprägtes Bindungsverhalten, wie zum Beispiel Lächeln, Klammern und Schreien, bis der Bindungswunsch angenommen wird. Wenn keine Bindung zustande kommt, wird das Bindung suchende Verhalten verstärkt. Die wichtigste Bindungsperson eines Säuglings wird in aller Regel seine Mutter. Aus Versuchen mit Affenjungen geht hervor, dass es um mehr geht, als nur darum, gefüttert zu werden. Ein Affenbaby verhält sich Bindung suchend gegenüber einer Mutterattrappe mit Fell, auch wenn es nicht von ihr gefüttert wird. Dahingegen verhält sich das Affenbaby nicht Bindung suchend gegenüber einer Mutterattrappe ohne Fell, obwohl es von ihr gefüttert wird. Ein Kind braucht seine Mutter für Schutz und Beruhigung. Erst wenn das Bindungsbedürfnis eines Kindes befriedigt ist, kommt ein anderes Bedürfnis zum Vorschein: das Bedürfnis, die Umgebung zu erkunden. Die Mutter bleibt vorerst in der Nähe des Kindes und dient ihm als eine Art sicherer Hafen, den es bei subjektiv erlebter Gefahr aufsuchen kann.

In Abhängigkeit der Art der Interaktion zwischen ihm und seiner Mutter entwickelt ein Mensch im ersten Lebensjahr einen sogenannten Bindungsstil, der über die nächsten Jahr und Jahrzehnte mit einiger Wahrscheinlichkeit bestehen bleiben wird. Der Bindungsstil spiegelt die Erwartungen wider, die ein Mensch gegenüber zwischenmenschlichen Beziehungen im Allgemeinen hat. Vereinfacht gesprochen schließen wir aus dem Bindungsverhalten unserer Mutter auf das Bindungsverhalten anderer Menschen.

Die Bindungstheorie unterscheidet vier Bindungsstile: (1) sicher, (2) unsicher-vermeidend, (3) unsicher-ambivalent und (4) desorganisiert. Rund zwei Drittel aller Menschen haben den sicheren Bindungsstil. Auch sicher gebundene Kleinkinder zeigen eine Stressreaktion, wenn ihre Mutter den Raum verlässt, aber sie vertrauen darauf, dass sie bald zu ihnen zurückkommen wird. Sobald die Mutter zurück ist, geht die Konzentration des Stresshormons Cortisol im Blut des Kindes zurück, und es beginnt damit, den Raum zu erkunden.

Kinder vom unsicher-vermeidenden Typ haben keine Sicherheit bezüglich der Verfügbarkeit ihrer Mutter, und sie erwarten, dass sie ihre Wünsche ablehnt. Nach der Rückkehr ihrer Mutter ignorieren sie diese und ihr Cortisolspiegel bleibt über Stunden erhöht. Trotzdem zeigen sie sowohl in der Anwesenheit, als auch in der Abwesenheit ihrer Mutter ein exploratives Verhalten. Ihr Verhalten kann dahingehend interpretiert werden, dass sie aufgegeben haben, eine enge Bindung zu ihrer Mutter aufzubauen.

Kinder vom unsicher-ambivalenten Typ können ihre Mutter nicht einschätzen, weshalb sie ein Bindung suchendes Verhalten zeigen und permanent wachsam sind, um Hinweise zu erhalten, die ihnen helfen könnten, ihre Mutter besser einzuschätzen. Sie zeigen kein exploratives Verhalten, weil sie noch mit dem Bindungsaufbau beschäftigt sind.

Kinder vom desorganisierten Typ stehen dauerhaft unter Stress und befinden sich in einem Zustand des Erstarrens, weil sie ihre Mutter sowohl als Schutz vor Gefahr, als auch als Quelle der Gefahr wahrnehmen.

In seinen Büchern und Vorträgen, von denen man einige bei YouTube findet, klärt der Kinder- und Jugendpsychiater Dr. Michael Winterhoff darüber auf, dass die Entwicklung der emotionalen und sozialen Psyche der Kinder wichtiger ist als Lesen, Schreiben und Rechnen. Er berichtet davon, dass immer mehr Jugendliche in seine Praxis kommen, die in der Entwicklung auf der Stufe eines Kleinkindes stehengeblieben sind. Sie haben kein Unrechtsbewusstsein, und in ihrem Leben dreht sich alles nur um das Vergnügen. Die Ursache des Problems sieht er bei den Eltern der Jugendlichen. Diese stünden immer mehr unter Stress und seien unter anderem aufgrund der im Minutentakt erfolgenden Schreckensmeldungen aus aller Welt immer mehr von diffuser Angst getrieben. Sie können nicht mehr die Rolle im Leben ihrer Kinder einnehmen, die für die Entwicklung ihrer emotionalen und sozialen Psyche notwendig wäre. Die Therapie ist erstaunlich einfach: Winterhoff schickt die Eltern der jugendlichen Patienten in regelmäßigen Abständen allein (ohne Smartphone) auf einen längeren Waldspaziergang. Nach vier bis fünf Stunden alleine im Wald finden die Eltern wieder zu sich, und das färbt sich in der darauffolgenden Zeit auch auf ihre Kinder ab.

Zwei Grundvoraussetzungen für aktives Lernen scheinen innere Ruhe und eine empfundene äußere Sicherheit zu sein. Erfolgreiches Einsichtslernen erfordert aktives Nachdenken, gefolgt von einer Phase der geistigen Entspannung. Erst wenn sie sich in einem beruhigend auf sie wirkenden, sicheren äußeren Umfeld befinden, scheinen Menschen überhaupt in der Lage zu sein, bei klarem Verstand Neues zu entdecken. Mit anderen Worten: Erst wenn die sozialen Bedürfnisse und das Bedürfnis nach Sicherheit befriedigt sind, können wir effektiv lernen.

DISKRIMINATIONSLERNEN

Beim sogenannten *Diskriminationslernen*, das auch Unterscheidungslernen genannt wird, lernt das Gehirn, zwei unterschiedliche Reize voneinander zu unterscheiden, die es zuvor wie ein und denselben Reiz behandelt hat. Im Alter von sechzehn Jahren schmeckte mir jedes Bier gleich – heute erkenne ich feine Unterschiede zwischen den einzelnen Sorten und Marken, und diese Unterschiede fühlen sich alles andere als geringfügig an. Nicht die Geschmacksknospen auf meiner Zunge haben sich verändert, sondern die Reizverarbeitung in meinem Gehirn. Es haben sich Netzwerke zur Biererkennung gebildet, die es in meiner Kindheit noch nicht gab. Für viele Chinesen hören sich L und R gleich an, weshalb sie die beiden Laute gleich aussprechen. Chinesen, die von westlichen Pflegeeltern adoptiert wurden, bevor sie ein bestimmtes Alter erreicht hatten, haben keine Probleme damit, L und R zu unterscheiden. Auch die Gehirne der Chinesen sind prinzipiell dazu in der Lage, Netzwerke zur Differenzierung von L und R auszubilden, aber ob sie es tatsächlich tun, hängt davon ab, welchen Lauten sie vor dem Erreichen eines bestimmten Alters ausgesetzt waren.

Durch die jahrelange Beschäftigung mit seinem Fachgebiet hat ein Experte gelernt, Sachverhalte und Situationen zu differenzieren, die ein Laie nicht unterscheiden kann. Der Experte hat zudem ein differenzierteres Vokabular, das es ihm erlaubt, differenziertere Gedanken zu haben, und sich auf hohem Niveau mit anderen Experten auszutauschen. In den Gehirnen von Laien sind die entsprechenden Netzwerke nicht angelegt. Es ist interessant, sich einmal die Frage zu stellen, wie es sich anfühlt, ein Experte auf einem bestimmten Gebiet zu sein. Meiner persönlichen Erfahrung nach spürt man die eigenen mittel- und langfristigen Fortschritte insbesondere daran, dass einem die Laien mit der Zeit immer unbedarfter vorkommen. An sich selbst kann man die Fortschritte nicht feststellen. Im Gegenteil. Da jede beantwortete Frage viele neue Fragen aufwirft, kommt es einem eher so vor, als ob man immer weniger weiß. Wie könnte es anders sein? Wenn wir etwas neu lernen, dann haben wir nach einiger Zeit keine Vorstellung mehr davon, wie es war, diese Sache nicht zu können oder zu wissen. In unserem Gedächtnis werden keine früheren Versionen unserer selbst gespeichert. Den eigenen Fortschritt können wir daher nur an anderen Menschen bemerken.

Bis zur Jahrtausendwende glaubte man, dass Menschen bestimmte Dinge können beziehungsweise nicht können, weil sie talentiert sind beziehungsweise weil ihnen das entsprechende Talent fehlt. Menschen wie Mozart, Picasso oder Einstein galten als Naturtalente. Man ging davon aus, dass uns unsere Begabungen in die Gene geschrieben seien. Das Human Genome Project, in dessen Rahmen von 1990 bis 2003, für insgesamt rund 3 Milliarden US-Dollar, zum ersten Mal das Genom eines Menschen sequenziert wurde, war in dieser Hinsicht eine Enttäuschung, denn es stellte sich heraus, dass der Mensch kaum mehr Gene als ein Wurm besitzt. Es kann gar nicht alles genetisch festgelegt sein. Das Paradigma des genetischen Determinismus, nach dem wir nichts als das Produkt unserer Gene waren, konnte nicht länger aufrechterhalten werden. Heute geht man davon aus, dass unsere Fähigkeiten zu einem großen Anteil, aber nicht zu einhundert Prozent, von Umwelteinflüssen beziehungsweise von der Interaktion zwischen unseren Genen und der Umwelt abhängen. Nicht unsere Gene machen uns zu Experten, sondern das was wir tagtäglich tun und womit wir uns umgeben. Unsere Gene haben zwar auch einen Einfluss, aber der ist vergleichsweise gering.

In etwa zeitgleich zum Human Genome Project untersuchte der schwedische Psychologe K. Anders Ericsson die Werdegänge von Experten unterschiedlicher Disziplinen. In Form der 10.000-Stunden-Regel erlangten Ericssons Forschungsergebnisse einige Berühmtheit. Alle von Ericsson untersuchten Experten hatten auf ihrem jeweiligen Fachgebiet mindestens 10.000 Stunden einer bestimmten Art des intensiven Trainings hinter sich, die er als *reflektiertes Training* (auf Englisch: deliberate practise) bezeichnet hat. So lange scheint es also mindestens zu dauern, bis ausreichend viele der für die Beherrschung des Faches notwendigen neuronalen Netzwerke in den Gehirnen der werdenden Experten angelegt sind. Die Entwicklung geht jenseits von 10.000 Stunden natürlich noch weiter. Großmeister im Schach haben etwa 30.000 Stunden reflektiertes Training hinter sich. (Zum Vergleich: Ein durchschnittliches Arbeitsleben umfasst etwa 80.000 Arbeitsstunden.)

Neben einigen weiteren interessanten Zusammenhängen fand Ericsson außerdem noch heraus, dass es kaum möglich ist, pro Tag mehr als drei bis vier Stunden reflektiert zu trainieren. Das Pensum von 10.000 Stunden reflektiertem Training ist damit erst nach etwa 10 Jahren erreicht. Wer deutlich weniger als 10 Jahre in seinem Bereich aktiv ist, hat den Expertenstatus noch nicht erreicht. Wer sich trotzdem als Experte bezeichnet, sollte mit Vorsicht genossen werden.

Experte zu sein, bedeutet nicht, allwissend zu sein. Es gibt Dinge, die Experten sehr gut können, und es gibt Dinge, die Experten nicht gut können. Was Experten nachweislich nicht beherrschen, sind zuverlässige Vorhersagen über zukünftige Ereignisse und Entwicklungen auf ihrem Fachgebiet. Experten, die sich bei ihren Vorhersagen auf ihre Gehirne verlassen müssen, leiden immer noch unter den gleichen universellen Denkfehlern, unter denen alle Menschen leiden. Diese Denkfehler gleichen optischen Täuschungen, und sie sind derart fest in unseren Gehirnen verdrahtet, dass wir sie niemals abstellen könnten. (Für die Erforschung unserer systematischen Denkfehler wurde Daniel Kahneman 2002 der Wirtschafts-Nobelpreis verliehen.)

Ist all das, was Experten über die Zukunft sagen falsch? Nein! Wir müssen zwischen Vorhersagen und Prognosen unterscheiden und uns außerdem fragen, wie diese zustande gekommen sind. Eine Vorhersage wäre: “Um 9 Uhr wird es regnen.” Eine entsprechende Prognose lautet: “Um 9 Uhr ist die Regenwahrscheinlichkeit 84 Prozent.” Eine Vorhersage wäre: “Er wird überleben.” Die entsprechende Prognose lautet: “Die

Chancen stehen 80:20, dass er überleben wird." Prognosen sind seriös, Vorhersagen sind unseriös. Kein seriöser Experte würde freiwillig eine Vorhersage machen, aber viele Experten werden von Laien, Reportern und Journalisten zu Vorhersagen gedrängt, weil die Menschen fälschlicherweise davon ausgehen, dass der Experte die Zukunft kennt, sie aber aus irgendwelchen Gründen nicht preisgeben möchte. Der echte Experte aber weiß, dass er die Zukunft nicht vorhersagen kann.

Die Sache mit den Prognosen ist noch etwas komplizierter, denn Prognosen sind nicht zwangsweise seriös, sondern nur dann, wenn sie auf Statistiken und nicht auf dem Gefühl des Experten beruhen. (Sonst unterliegen sie wieder den systematischen Denkfehlern.) Was einen Experten von einem Laien unterscheidet, ist, dass der Experte die relevanten Daten (Statistiken) kennt, und dass er Konzepte und Fakten kennt, um die Daten zu erklären. Wer einem Experten eine Frage stellen darf, sollte ihn nicht nach der Zukunft fragen, sondern wie die relevanten Daten aussehen und was sich dahinter verbirgt.

Es kann nicht immer zuverlässige Daten geben. Um das zu verstehen, müssen wir Risiken von Unsicherheiten abgrenzen. Risiken sind dadurch gekennzeichnet, dass die Wahrscheinlichkeit für ein bestimmtes Ereignis berechenbar ist (zum Beispiel beim Lotto oder Roulette), oder dass die Anzahl der bereits eingetretenen Ereignisse eine statistische Auswertung zulässt (zum Beispiel im Falle von Krankheiten, Verkehrsunfällen und dergleichen). Eine Unsicherheit liegt vor, wenn beides nicht der Fall ist. Ein Börsencrash innerhalb der nächsten fünf Jahre ist eine Unsicherheit. Er lässt sich weder seriös vorhersagen noch prognostizieren.

Dass viele Menschen immer noch an die Existenz von Naturtalenten glauben, hat auch damit zu tun, dass die Medien nur die fertigen Experten präsentieren, aber nicht die vielen tausend Stunden Training, die diese hinter sich haben. So entsteht der Eindruck, dass es nur zwei Sorten von Menschen gibt: Menschen die etwas können, und Menschen, die etwas nicht können. Tony Robbins brachte die Wahrheit schön auf den Punkt: "People are rewarded in public for what they practiced for years in private!" (Diejenigen, die öffentlich für ihr Können gefeiert werden, haben jahrelang im stillen Kämmerlein geübt.)

Etwas nicht nur oberflächlich, sondern tiefgründig zu lernen, dauert ganz schön lange. Die dafür notwendige Geduld werden wir nur dann aufbringen können, wenn das Thema wirklich zu uns passt.

EBENEN DES LERNENS

Alle Arten des Lernens laufen gleichzeitig ab. Vieles passiert unbewusst. Es ist leicht möglich, einem Menschen vordergründig eine nützliche Lektion zu erteilen und ihn gleichzeitig unbemerkt zu sabotieren. Während wir in der Schule sitzen und vordergründig Lesen, Schreiben und Rechnen lernen, werden wir auf bestimmte Verhaltensweisen, Haltungen und Gefühle konditioniert. Diese unsichtbaren Lektionen können einen größeren Einfluss auf unser Leben haben, als das, was tatsächlich auf dem Lehrplan steht.

Da wir nur eine begrenzte Zeit und innerhalb der Zeit nur eine begrenzte Kapazität haben, bestimmt das, was wir lernen, indirekt darüber, was wir nicht lernen. Eine Wahl für etwas ist immer auch eine Wahl gegen alles andere. Vielen Menschen fehlt dieser ganzheitliche Blick. Für sie hat die Schule die Aufgabe, leere Fässer zu befüllen, und sie glauben, dass die Ergebnisse der PISA-Studien Auskunft darüber geben, wie schlau die Menschen sind, die das jeweilige Schulsystem hervorbringt. Schauen wir uns einmal an, was die Schule wirklich hervorbringt.

DIE 7 UNIVERSELLEN LEKTIONEN DES LEHRERS

John Taylor Gatto war Werbefachmann, bevor er Lehrer wurde. Dreimal in Folge wurde er zum Lehrer des Jahres der Stadt New York ausgezeichnet, und einmal erhielt er die Auszeichnung zum besten Lehrer des Bundesstaates. Im gleichen Jahr schmiss er seinen Lehrerjob hin und brachte ein Buch über das Schulsystem heraus: *Verdummt noch mal! Der unsichtbare Lehrplan oder was Kinder in der Schule wirklich lernen.* Im ersten Kapitel des Buches präsentiert Gatto die sieben Lektionen des Lehrers. Sieben Dinge, die wir in der Schule lernen, ohne uns dessen bewusst zu sein.

Lektion Nr. 1: Verwirrung ist ein normaler Zustand. Menschen suchen nach Sinn und Bedeutung. Die Schule aber unterrichtet zusammenhanglose Fakten. Auf die vielen Widersprüche wird nicht eingegangen. Ein Schuljahr gleicht dem Zappen durch hunderte TV-Sender. Da so getan wird, als würde das alles einen Sinn ergeben, glaubt jeder einzelne Schüler, dass der Fehler bei ihm selbst läge, und dass die anderen Schüler mehr verstünden als er. Da die Schule Unwissen bestraft, wird das Problem von und unter den Schülern niemals thematisiert. Am Ende akzeptieren die Schüler die Verwirrung als ihr Schicksal, und ihnen vergeht die Lust am Lernen.

Lektion Nr. 2: Jeder Mensch hat einen ihm angemessenen Platz in der sozialen Hierarchie. Auf Basis willkürlicher Zahlen (Noten) werden die Schüler bestimmten Niveaus zugeordnet, die zu einer selbsterfüllenden Prophezeiung werden. Freundschaften bilden sich insbesondere innerhalb der Niveaus. Die Schüler lernen, die da oben zu beneiden und ihnen mit Ehrfurcht zu begegnen, und voller Geringschätzung auf die da unten herabzusehen. Es wird suggeriert, dass man durch gute Leistungen in der sozialen Hierarchie aufsteigen kann, aber das passiert so gut wie nie. Obwohl sich kaum ein Arbeitgeber wirklich für Schulnoten interessiert, wird so getan, als hinge die Zukunft nur von Noten ab.

Lektion Nr. 3: Nichts ist wirklich wichtig. Die Schüler werden darauf konditioniert, im Unterricht Interesse, Engagement und Begeisterung zu simulieren und beim Erklingen der Pausenglocke, sofort alles stehen und liegen zu lassen. Nichts wird beendet. Die Schüler können nur den Schluss ziehen, dass alles von vornherein nicht so wichtig gewesen sein kann. Echte Begeisterung wird den Schülern abtrainiert.

Lektion Nr. 4: Emotionale Abhängigkeit von Autoritäten. Die Befriedigung sämtlicher Grundbedürfnisse muss vom Lehrer genehmigt werden. Niemand darf ohne Erlaubnis essen, trinken, schlafen, sich mit anderen austauschen oder die Toilette aufsuchen. Leistungen zählen nur, wenn sie von oben begutachtet wurden. Wer es schafft, dem Lehrer sympathisch zu sein, erhält hin und wieder Sonderrechte. Die Schüler lernen, dass es normal ist, dass ihre Gefühlslage von der Willkür einer Autorität abhängt. Die guten Schüler spielen dieses Spiel bereitwillig mit. Die Schüler werden zu Befehlsempfängern, die sich selbst keine Aufgaben geben können, weil sie nicht in der Lage sind zu beurteilen, welche Aufgaben sinnvoll sind. Nur die schlechten Schüler rebellieren gegen das System. Immer mehr von ihnen werden mit Ritalin ruhiggestellt.

Lektion Nr. 5: Intellektuelle Abhängigkeit von Autoritäten. Die Schüler lernen zu warten, bis ihnen der Lehrer sagt, was zu tun und zu denken ist. Weil sie sie unterdrücken müssen, verlieren sie immer mehr den Zugang zu ihrer Intuition und ihren Gefühlen. Auch die Neugier schwindet. Am Ende sind die Schüler nicht mehr dazu in der Lage, Entscheidungen zu treffen. Sie sind darauf angewiesen, dass Autoritäten Entscheidungen für sie treffen und ihnen Themen vorgeben, mit denen sie sich beschäftigen sollen.

Lektion Nr. 6: Bevollmächtigte Beamte sagen uns was wir wert sind. Willkürliche Zahlen, die teilweise absurde Aspekte messen, bestimmen über die Beziehung zwischen Schülern und ihren Eltern und entscheiden damit auch darüber, für wie wertvoll die Schüler sich selbst halten. Da die Schüler ständig auf ihre Defizite, aber nicht auf ihre Stärken aufmerksam gemacht werden, wird ihr Selbstbewusstsein in einem labilen Zustand gehalten.

Lektion Nr. 7: Traue niemandem! Über die Hausaufgaben werden die Schüler auch zu Hause überwacht. Es wird verhindert, dass sie Zeit für Lektionen finden, die von der Schule nicht vorgesehen sind. Implizit lernen die Schüler, dass man ihnen und damit auch anderen Menschen grundsätzlich nicht trauen kann, und dass daher alle Menschen überwacht werden müssen. Man kann sich nicht verstecken.

Viele Schüler spüren, dass mit der Schule etwas nicht stimmt, aber sie können ihre Gefühle nicht in Worte fassen, weil die Schule ihnen genau diejenigen Denkwerkzeuge vorenthält, die sie bräuchten, um die Schule entlarven zu können. Es ist wichtig zu verstehen, dass alle Menschen auf sozialem Wege von denen lernen, denen sie ausgesetzt sind. Wir lernen nicht nur die Inhalte, die uns unsere Lehrer vermitteln, sondern auch ihre Methoden. Junge Lehrer sind schon vor ihrem ersten Arbeitstag an darauf programmiert, das Verhalten ihrer eigenen Lehrer zu reproduzieren und damit das System am Leben zu halten. Das Schulsystem wird nicht etwa wider besseres Wissen von bösen Menschen gewaltsam am Leben gehalten. Das Schulsystem ist ein viraler Memplex.

Lernen findet auf unterschiedlichen Ebenen gleichzeitig statt. Die Zusammenhänge sind komplexer als die meisten Menschen glauben.

DAS GEDÄCHTNIS

„Ein gutes Gedächtnis ist nicht so gut wie ein bisschen Tinte."

Aus China

Lernen bewirkt eine dauerhafte Veränderung im Gedächtnis. Im Alltag sprechen wir von *dem* Gedächtnis, aber tatsächlich gibt es verschiedene Gedächtnisse. Gelerntes kann in Form von Gedanken, Gefühlen und Handlungsimpulsen bewusst werden. Gedanken kommen aus dem *deklarativen Gedächtnis*, Gefühle entstammen dem *emotionalen Gedächtnis* und der Ursprungsort von Handlungsimpulsen beziehungsweise Bewegungsabläufen ist das *prozedurale Gedächtnis*. Neben den drei Langzeitgedächtnissen gibt es noch verschiedene Ultrakurzzeitgedächtnisse, ein Kurzzeitgedächtnis und das sogenannte Arbeitsgedächtnis.

Alle Inhalte des Langzeitgedächtnisses waren einmal im Kurzzeitgedächtnis, aber nicht alle Inhalte, die im Kurzzeitgedächtnis auftauchen, landen am Ende im Langzeitgedächtnis. Das Langzeitgedächtnis ist selektiv. Viele Menschen diagnostizieren sich selbst ein schlechtes Gedächtnis, weil es nicht die gewünschten Informationen ausspuckt. In den allermeisten Fällen liegt dies jedoch nicht daran, dass ihr Gedächtnis schlechter ist, als das Gedächtnis von anderen Menschen, sondern daran, dass das Langzeitgedächtnis keine Festplatte ist, auf der wahllos sämtliche Daten archiviert werden. Ihre Selbstdiagnose basiert auf einer falschen Vorstellung.

Das Gedächtnis ist ein Überlebensorgan, dessen alleinige Aufgabe darin besteht, uns in den verschiedensten Situationen das jeweils richtige tun zu lassen. Ob unsere Erinnerungen den tatsächlichen Geschehnissen entsprechen, ist dabei irrelevant. Eine falsche Erinnerung, die unser Überleben sichert, ist besser, als eine wahrhaftige Erinnerung, die uns das Leben kostet. Eine Erinnerung ist kein Beweis dafür, dass sich die Dinge tatsächlich so zugetragen haben, denn auch die falschen Erinnerungen erscheinen uns verlässlich.

Beim Abrufen von Erinnerungen, Gefühlen und Handlungsimpulsen, arbeitet das Gedächtnis mühelos. Sobald wir mit einem bekannten Reiz konfrontiert sind, liefert das Gedächtnis automatisch eine passende Assoziation. Dazu ein kleines Experiment:

links ... rechts

oben ...
vorne ...
schwarz ...
hell ...
warm ...

Das Gedächtnis der meisten Menschen liefert automatisch die Assoziationen “unten”, “hinten”, “weiß”, “dunkel” und “kalt”. Auch die anderen Langzeitgedächtnisse arbeiten mit Auslösereizen und Assoziationen. Eine gelernte Bewegungsabfolge, der sich bei fast allen Menschen automatisch aktiviert, ist das Zuschnüren ihrer Schuhe. Ein Lächeln verbessert automatisch ihre Stimmung.

In einer gegebenen Situation steht eine ganze Reihe von Gedanken-Assoziationen bereit, die uns potentiell bewusst werden könnten. Was das Erinnern erschwert, ist der Umstand, dass uns häufig nicht die gewünschte Assoziation bewusst wird, sondern eine andere, die dann, bildlich gesprochen, die Leitung blockiert.

Zwar haben wir das Gefühl, unsere alltäglichen Handlungen völlig frei zu wählen, aber das ist eine Illusion. Tatsächlich wird ein großer Teil unseres Verhaltens von Automatismen bestimmt, die wir uns im Laufe unseres Lebens antrainiert haben. Es fällt schwer, diese Tatsache an sich selbst zu beobachten, geschweige denn zu akzeptieren. An anderen Menschen fällt es deutlich leichter. (Sofern unsere Automatismen zur adaptiven Bedürfnisbefriedigung beitragen, machen sie uns effizienter. Sie sind eine gute Sache.)

Das Gedächtnis ist so verdrahtet, dass die Gefühle Vorrang vor Handlungen und Gedanken haben. Welche Handlungsimpulse und Gedanken das Gedächtnis liefert, hängt von unserer Gefühlslage ab. Man kann zwei grundverschiedene Gemütszustände unterscheiden, die als *heiß* und *kalt* bezeichnet werden können. Im kalten Zustand sind wir bei Verstand, während der heiße Zustand von starken Gefühlen geprägt ist. Ein und dieselbe Person kann sich im jeweils anderen Zustand wie ein komplett anderer Mensch verhalten. Viele Menschen lehnen bestimmte Verhaltensweisen vehement ab, solange sie sich im kalten Zustand befinden, nur um die gleichen Verhaltensweisen im heißen Zustand selbst an den Tag zu legen. Im kalten Zustand geben wir uns vernünftig; im heißen Zustand erwacht das Tier in uns.

Wer unter Prüfungsangst leidet, kennt das Problem: Zu Hause, im kalten Zustand, wusste man alles, aber im heißen Zustand, in dem man sich während der Prüfung befindet, verweigert das Gedächtnis seinen Dienst. Um dieses Problem zu umgehen, trainieren Astronauten alle möglichen Problemlösungen immer wieder unter möglichst realistischen Bedingungen. Sie trainieren im gleichen Gemütszustand, in dem sie sich auch in einer echten Problemsituation befinden würden. Durch die vielen Wiederholungen wird die Problemlösung nicht nur im deklarativen, sondern im prozeduralen Gedächtnis gespeichert. Außerdem fallen ihre Gefühlsausbrüche mit jeder Wiederholung geringer aus. (Auf dem gleichen Prinzip beruht die sogenannte Expositionstherapie, mit der bestimmte Ängste gelindert werden können, indem man sich gezielt immer wieder den gleichen Angst auslösenden Reizen aussetzt.)

DIE ZEITSTRUKTUR DES GEDÄCHTNISSES

Umweltreize erreichen das Gehirn über die fünf Sinne und werden im sogenannten sensorischen Speicher, auch Ultrakurzzeitgedächtnis genannt, zwischengespeichert. Jeder Sinn hat einen eigenen Speicher. Die Speicherdauer ist sehr kurz und reicht von 15 Millisekunden bei visuellen Reizen bis etwa 2 Sekunden bei auditiven Reizen. Das Kurzzeitgedächtnis kann bestimmte Inhalte für bis zu 30 Sekunden speichern. Das Langzeitgedächtnis hat eine unbegrenzte Speicherdauer und Speicherkapazität, zumindest unter praktischen Gesichtspunkten. Obwohl man noch nicht eindeutig feststellen konnte, ob ein bestimmter Inhalt von den Gedächtnissen seriell oder parallel verarbeitet wird, geht die Wissenschaft vom Paradigma einer seriellen Verarbeitung aus. Demnach würde ein Reiz vom Ultrakurzzeitgedächtnis ins Kurzzeitgedächtnis und von dort ins Langzeitgedächtnis übergeben. Der letzte Schritt wird als *Gedächtniskonsolidierung* bezeichnet.

KURZ- UND ARBEITSGEDÄCHTNIS

Im Gegensatz zum Kurzzeitgedächtnis, das ein passiver Kurzzeitspeicher ist, kann das Arbeitsgedächtnis die Gedächtnisinhalte bearbeiten. Diese Funktion nutzen wir zum Beispiel beim Kopfrechnen. Wie das Arbeitsgedächtnis im Detail funktioniert, ist nicht eindeutig geklärt. Die verschiedenen Modelle, auf die wir gleich zu sprechen kommen werden, unterscheiden sich grundlegend voneinander.

Die Leistungsfähigkeit des Arbeitsgedächtnisses sagt den schulischen und beruflichen Erfolg einer Person sehr viel besser voraus als ihr IQ. Menschen mit einem starken Arbeitsgedächtnis sind außerdem unempfindlicher gegenüber Schmerzen, und sie zeigen weniger schwere Symptome bei Krankheiten wie ADHS und Alzheimer-Demenz. Im Gegensatz zum IQ, der sich kaum steigern lässt, kann das Arbeitsgedächtnis durch Training gestärkt werden. Das wohl beste Training ist ein körperlich und geistig aktiver Lebenswandel, der das Arbeitsgedächtnis regelmäßig fordert. (Außerdem existieren spezielle Computerspiele, die das Arbeitsgedächtnis angeblich verbessern können.)

Die meisten Sinneseindrücke werden unbewusst verarbeitet. Um bewusst verarbeitet zu werden, müssen Sinnesreize vom Gehirn als wichtig und vergleichsweise neuartig erkannt werden. Die Klassifizierung übernimmt ein Neuheitsdetektor, den ich der Anschaulichkeit wegen als den Türsteher zum Bewusstsein bezeichne. Genau wie der Türsteher vor einer Diskothek, ist auch der Türsteher zum Bewusstsein dafür zuständig, die Tanzfläche vor dem Überquellen zu bewahren. Innerhalb einer Zehntelsekunde stellt er fest, ob ein Reiz neuartig ist, wobei sich die Neuartigkeit an der Existenz von Erinnerungen im prozeduralen Gedächtnis bemisst. Die Frage, die der Türsteher stellt, lautet: “Gibt es einen Automatismus, mit dem wir den Reiz unbewusst abwickeln können?” Weitere zwei Zehntelsekunden später hat der Türsteher in den emotionalen Zentren des Gehirns in Erfahrung gebracht, ob der Reiz bedeutsam ist. Der Reiz wird nur dann bewusst, wenn er sowohl neuartig, als auch bedeutsam ist. In diesem Fall gelangt der Reiz ins Kurzzeitgedächtnis, aus dem er vom Arbeitsgedächtnis zur bewussten Verarbeitung abgeholt werden kann. Aus der Zeit, die der Türsteher für seine Arbeit braucht, ergibt sich übrigens, dass das Bewusstsein der Realität um etwa drei Zehntelsekunden hinterherhinkt. Reize, die wir nicht aus dem Kurzzeitgedächtnis ins Arbeitsgedächtnis holen, werden nach kurzer Zeit überschrieben.

Nach dem Arbeitsgedächtnismodell von Baddeley (auch bekannt als *Mehrkomponentenmodell*) besteht das Arbeitsgedächtnis aus vier Komponenten. Drei passive Subsysteme werden von einer zentralen Exekutiven gesteuert und überwacht. Bei den drei Subsystemen handelt es sich um die sogenannte *phonologische Schleife*, den *räumlich-visuellen Notizblock* und den *episodischen Puffer*. Der räumlich-visuelle Notizblock kann visuelle Eindrücke für weniger als eine Sekunde festhalten. Die phonologische Schleife speichert verbalisierte Informationen für ein bis zwei Sekunden, was in etwa fünf gesprochenen Wörtern entspricht. Auch Geschriebenes wird von der phonologischen Schleife zwischengespeichert, sofern es laut oder stumm mitgesprochen wird. Indem wir Gesprochenes in Gedanken ständig wiederholen, können wir die phonologische Schleife in eine Dauerschleife verwandeln. Auf diese Weise können die Inhalte beliebig lange zwischenspeichert werden, wobei die phonologische Schleife dann natürlich blockiert ist. Der episodische Puffer ist eine Art Speichererweiterung. Er kommt zum Einsatz wenn die Inhalte der beiden anderen Subsysteme einen Sinn ergeben. Falls es sich um Wörter handelt, erweitert sich der Speicher dadurch von rund fünf Wörtern auf etwa das Dreifache.

Ein durchschnittliches Arbeitsgedächtnis kann etwa dreieinhalb sogenannte Chunks speichern. Ein Chunk ist eine sinnige Einheit. Für die Arbeitsgedächtnisse der meisten Menschen bestünde die Zahl 1071980 aus sieben Chunks und könnte damit nicht gespeichert werden. Aus Sicht meines Arbeitsgedächtnisses handelt es sich um einen einzigen Chunk, denn es ist mein Geburtsdatum. Mit Hilfe von Eselsbrücken und anderen Gedächtnisstützen kann die Anzahl der Chunks reduziert werden, sodass das Arbeitsgedächtnis dichter bepackt werden kann.

Das Arbeitsgedächtnis befindet sich nicht an einer einzigen Stelle im Gehirn, sondern es kommt durch die Kooperation verschiedener Gehirnareale zustande. Das Arbeitsgedächtnismodell von Baddeley ist nur ein Modell, das nicht mit der Realität verwechselt werden sollte.

Eine völlig andere Sicht auf das Arbeitsgedächtnis liefert das *Embedded Processing Model of Working Memory* von Nelson Cowan. Nach diesem

Modell ist das Arbeitsgedächtnis nichts weiter als derjenige Anteil des Langzeitgedächtnisses, der gerade aktiv ist. Durch einen Reiz werden bestimmte Gedächtnisinhalte angeregt, und wenn der Türsteher zum Bewusstsein zustimmt, dann können wir diese angeregten Inhalte bewusst verarbeiten.

Wer möchte, kann sich das Arbeitsgedächtnis als eine Werkstatt im Kopf vorstellen. Wenn wir eine Aufgabe zu erledigen haben, dann arbeiten wir nicht direkt an dieser Aufgabe, sondern wir fertigen eine mentale Repräsentation der Aufgabe in unserem Arbeitsgedächtnis an, und an diesem Modell arbeiten wir. Je größer die Werkstatt, umso kompliziertere Aufgaben können bearbeitet werden. Insbesondere beim Lesen von Texten über unbekannte Themen kommt es häufig vor, dass man am Ende eines langen Schachtelsatzes nicht mehr weiß, wie dieser angefangen hat. Der Satz passt einfach nicht ins Arbeitsgedächtnis. Bei Themen, mit denen man sich bereits auskennt, kommt dies selten vor, denn bei sinnhaften Sätzen wird die Kapazität der phonologischen Schleife um den episodischen Puffer erweitert und damit praktisch verdreifacht. Was sinnhaft ist, hängt vom Vorwissen ab.

Die maximale Kapazität des Arbeitsgedächtnisses wird zwischen dem dreißigsten und vierzigsten Lebensjahr erreicht und nimmt dann langsam wieder ab. Der Verfall kann von einem anderen Trend mehr als kompensiert werden: der Zunahme an Wissen. Wer kontinuierlich lernt, beherrscht immer mehr Konzepte, die mit immer weniger Speicherplatz auskommen. Man denke nur an Fremdworte, die Sachverhalte beschreiben, die man ohne das Fremdwort auf komplizierte Art und Weise umschreiben müsste. Einige Gedanken kann man ohne die entsprechenden Ausdrücke nicht einmal denken. In den letzten Jahren habe ich viele Bücher von Autoren gelesen, die beim Schreiben ihrer Bücher schon sehr alt waren. Walter Mischel schrieb den *Marshmallow-Test* im Alter von 84 Jahren und Edward O. Wilson war bereits 85 Jahre alt, als er *Der Sinn des Lebens* schrieb. In allen diesen Büchern findet man erstaunlich komplexe Gedankengänge.

Das schlimmste was passieren kann, ist, dass der Besitzer des Arbeitsgedächtnisses in den geistigen Ruhestand geht. Es geht schneller bergab, als man glaubt. Körper und Gehirn passen sich relativ zeitnah an die jeweiligen Anforderungen an. Untersuchungen haben gezeigt, dass der IQ nach nur vier Wochen Faulenzen, um 20 Punkte sinkt. Wer sein Gehirn anschließend wieder nutzt, erreicht recht schnell wieder das alte Leistungsniveau.

Um das Arbeitsgedächtnis zu fordern, sollte man kontinuierlich lernen. Außerdem lohnt es sich an Themen dranzubleiben, denn die Lernkurve wird mit der Zeit immer steiler. Leider haben wir uns in der Schule meist nur für kurze Zeit mit einem bestimmten Thema befasst, weshalb viele Menschen nie die Erfahrung gemacht haben, dass die Lernkurve plötzlich steil wird und man in kurzer Zeit sehr viele Zusammenhänge entdeckt.

DREI LANGZEITGEDÄCHTNISSE

DAS EMOTIONALE GEDÄCHTNIS

Im emotionalen Gedächtnis sind bestimmte Reize mit bestimmten Gefühlen verknüpft. Die Verknüpfungen wurden über Konditionierung gelernt. Schon die ersten Takte eines Musikstücks, das vor Jahren im Hintergrund lief, während wir einen intensiven Gefühlszustand erlebt haben, kann wieder das gleiche Gefühl hervorrufen. Auch Personen, Orte, Gerüche und Gegenstände können mit bestimmten Gefühlen verknüpft sein.

Das emotionale Gedächtnis bildet die Grundlage der Intuition. Die emotionalen Erfahrungen, die wir in bestimmten Situationen gemacht haben, werden auf ähnliche Situationen übertragen. Dank unserer gelernten Gefühle können wir Situationen augenblicklich einordnen und schnelle Entscheidungen treffen. Wenn ich einmal von einem großen gelben Tier gebissen wurde, dann wird möglicherweise auch ein großes braunes Tier Angst bei mir auslösen. Eine einzige heftige Erfahrung reicht aus, um eine Verknüpfung zwischen einem Reiz und einem Gefühl entstehen zu lassen. Dies ist insbesondere bei negativen Gefühlen der Fall. Wer einmal mit der Hand auf eine heiße Herdplatte gefasst hat, braucht keine zweite Erfahrung, um den Schmerz zu bestätigen. Anders als von vielen Menschen geglaubt, ist Intuition keine höhere Wahrheit. Sie kann sich sehr wohl irren. Die meisten Hunde sind völlig harmlos, und man braucht sich nicht vor ihnen zu fürchten. Einige Menschen hatten aber das Pech, in ihrer Kindheit auf einen der wenigen nicht harmlosen Hunde zu treffen, weshalb ihr emotionales Gedächtnis ein Gefühl mit Hunden verknüpft hat, das anders ist, als bei den meisten anderen Menschen. Sie haben Angst vor Hunden.

Alles Reden und Argumentieren ist zwecklos. Das emotionale Gedächtnis wird die Verknüpfung auf diesem Wege nicht ändern. Das Einzige was hilft, sind neue positive Erfahrungen. Neue Erfahrungen kommen jedoch nur dann zustande, wenn man sich bewusst auf sie einlässt. Eine Furcht zu überwinden, um neue Erfahrungen zuzulassen, macht natürlich nur dann Sinn, wenn man sicher sein kann, dass die Furcht unbegründet ist. Hier sind wir auf die Urteile anderer Menschen angewiesen.

Leider leben wir in einer Gesellschaft, die den Einzelnen dazu verleitet zu glauben, dass Ängste nicht normal oder sogar ein Zeichen von Minderwertigkeit sind. Viele unserer Helden in Fernsehserien, Filmen und Computerspielen scheinen keine Angst zu kennen. Auch unsere Freunde, Eltern und Kollegen erzählen uns nicht von ihren Ängsten, im Gegenteil: Viele Menschen prahlen mit Erlebnissen, die Angstfreiheit suggerieren sollen. Um sich ihre Gefühle nicht eingestehen zu müssen, machen viele Menschen einen großen Bogen um alle Situationen, in denen Angst auftreten könnte. Niemand möchte als Angsthase abgestempelt werden. Und wenn es sich einmal nicht vermeiden lässt, vor Zeugen Angst zu zeigen, dann werden Geschichten erfunden, um die Angst zu rechtfertigen. Insbesondere junge Männer scheinen davon auszugehen, dass es wünschenswert wäre, vor nichts auf dieser Welt Angst zu haben. Dahinter steht ein völlig falsches Verständnis von Angst. Angst ist keine Schwäche sondern eine Art der Wahrnehmung. Alle Menschen haben Angst!

Es ist wichtig zu verstehen, dass unsere emotionalen Zentren fest mit dem Hippocampus, dem Organisator des deklarativen Gedächtnisses, verdrahtet sind. Gefühle wirken sich direkt auf die Abrufbarkeit bestimmter Fakten und persönlicher Erinnerungen aus, denn in einer bedrohlichen Situation helfen uns andere Gedächtnisinhalte als in anderen Situationen. Schüler, deren Gehirne einen Lehrer als Bedrohung wahrnehmen, haben es schwerer als Schüler, die eine positive Einstellung zum Lehrer haben. Neben dem Wissensstand messen Prüfungen und Klausuren immer auch die Gefühlslage der Schüler. Für viele Schüler wird die emotionale Bewertung der Schule zu einer selbsterfüllenden Prophezeiung.

DAS PROZEDURALE GEDÄCHTNIS

Das prozedurale Gedächtnis kommt bei Gewohnheiten und Fertigkeiten wie zum Beispiel Schwimmen, Schuhe schnüren oder Autofahren zum Einsatz. Wer Fertigkeiten wie diese von Grund auf lernt, macht die Erfahrung, dass die Bewegungen mit der Zeit immer glatter werden und immer weniger Konzentration erfordern. Bald läuft alles wie von selbst, und eine bewusste Konzentration auf die Bewegungsabläufe stört sogar. Unter einem Gehirnscanner würde man sehen, dass sich die Gehirnaktivität anfangs auf die Großhirnrinde konzentriert, und sich mit der Zeit immer mehr in die sogenannten Basalganglien verschiebt. Die Basalganglien befinden sich in einem evolutionär alten Teil des Gehirns unterhalb der Großhirnrinde, der dem Bewusstsein nicht zugänglich ist. Hier werden auch Herzschlag, Atmung sowie rund 40% unserer täglichen Entscheidungen bestimmt. Man spricht von Gewohnheiten. Wer heute damit beginnt, eine einfache Tätigkeit, die mit einer Belohnung verknüpft ist, regelmäßig im immer gleichen Kontext durchzuführen, kann damit rechnen, dass diese nach etwa 30 Tagen halbwegs automatisiert abläuft.

DAS DEKLARATIVE GEDÄCHTNIS

Das deklarative Gedächtnis ist der Speicher für Fakten und Erinnerungen. Es setzt sich aus dem *episodischen Gedächtnis*, dem *Faktengedächtnis* und dem *Vertrautheitsgedächtnis* zusammen.

Das episodische Gedächtnis enthält Erinnerungen an persönliche Erlebnisse sowie an Ereignisse, die mit dem eigenen Leben zu tun haben. Wer den gestrigen Tag Revue passieren lässt, liest das episodische Gedächtnis aus. Auch Fakten, die erst gestern gelernt wurden, befinden sich (noch) im episodischen Gedächtnis, was man daran erkennen kann, dass sie in Episoden eingebettet sind – man weiß wann, wo und von wem man sie gelernt hat.

Es ist wichtig zu verstehen, dass persönliche Erlebnisse nicht detailgetreu erinnert werden, auch wenn es uns so vorkommt. Der Film, der vor unserem geistigen Auge abläuft, ist eine Rekonstruktion, die Details enthält, die nicht unbedingt dem tatsächlich Erlebten entsprechen müssen. Jedes Abrufen einer Erinnerung erzeugt eine neue Erinnerung, wodurch der Inhalt der ursprünglichen Erinnerung verfälscht werden kann.

Das Faktengedächtnis enthält unser Wissen. Beim Stadt-Land-Fluss spielen, greifen wir auf das Faktengedächtnis zu. Wie heißt die Hauptstadt von Frankreich? Unser Faktengedächtnis kennt die Antwort: Paris. Wo wir diesen Fakt gelernt haben, wissen wir nicht mehr.

In der beliebten Quizsendung *Wer wird Millionär?* wird nicht nur das Faktengedächtnis der Kandidaten getestet, sondern insbesondere ihr Vertrautheitsgedächtnis. Zu jeder Frage gibt es vier mögliche Antworten, von denen eine richtig ist. Um die richtige Antwort nennen zu können, genügt ein Gefühl der Vertrautheit. Ganz ohne Auswahlmöglichkeiten würden weit weniger Fragen richtig beantwortet werden. (Außerdem kommen die Kandidaten oft durch logisches Schlussfolgern auf die richtigen Antworten, was ohne die vorgegebenen Antwortmöglichkeiten ebenfalls nicht möglich wäre.)

Im Laufe der Zeit wandern die Gedächtnisinhalte vom episodischen Gedächtnis ins Faktengedächtnis und von dort aus ins Vertrautheitsgedächtnis. Für eine kurze Zeit kann ich mich daran erinnern, wann, wo und wie ich einen bestimmten Fakt gelernt habe. Später kenne ich nur noch den Fakt, während das Drumherum verschwunden ist. Noch eine Weile später gelingt es mir nicht einmal mehr, den Fakt aus meinem

Gedächtnis abzurufen, aber wenn ich mit dem Fakt konfrontiert werde, kann ich beurteilen, ob ich mit ihm vertraut bin, das heißt ob er einmal in meinem Faktengedächtnis war. Der ganze Vorgang erinnert ein wenig an die Verdauung, bei der die Nährstoffe von den nicht benötigten Anteilen der Nahrung, den Ballaststoffen, getrennt werden. Die Nährstoffe werden gespeichert und die unverdaulichen Anteile werden entsorgt.

Einige wenige Gedächtnisinhalte werden nicht verdaut. In Form von lebhaften Erinnerungen bleiben sie uns ein Leben lang im episodischen Gedächtnis erhalten. Andere Gedächtnisinhalte bleiben uns dauerhaft als Fakten im Faktengedächtnis (zum Beispiel die Hauptstadt von Frankreich). Viele Gedächtnisinhalte verblassen jedoch immer mehr, bis nichts mehr von ihnen übrig ist. Um überhaupt verdaut werden zu können, müssen die Gedächtnisinhalte zunächst vom Arbeits- beziehungsweise Kurzzeitgedächtnis ins Langzeitgedächtnis überführt werden. Dieser Prozess wird als Konsolidierung bezeichnet. Erst wird konsolidiert, dann wird verdaut. Die meisten Bewusstseinsinhalte werden gar nicht erst konsolidiert, und die allermeisten Sinneseindrücke scheitern sogar noch eine Stufe vorher – am Türsteher zum Bewusstsein.

Da wir nur wissen was wir wissen, aber nicht was wir schon wieder vergessen haben, ist es nahezu unmöglich, aus unserer subjektiven Erfahrung auf die wahre Funktionsweise des Gedächtnisses zu schließen. Viele junge Menschen glauben, sich alles Mögliche merken zu können, nur um kurze Zeit später feststellen zu müssen, dass es doch nicht möglich war. Leider scheinen wir auch diese Erfahrung schnell zu vergessen, weshalb wir immer wieder den gleichen Fehler machen, ohne daraus zu lernen. Als Schüler habe ich jahrelang geglaubt, mir die Hausaufgaben merken zu können. Am Ende des Unterrichts schriftlich die Aufgaben für die nächste Stunde zu notieren, hielt ich für unnötig. Häufig hatte ich am Nachmittag nicht nur vergessen, welche Hausaufgaben wir aufbekommen hatten, sondern auch, dass es überhaupt Hausaufgaben gab.

Gemäß ihrer Merkmale sind die Inhalte des deklarativen Gedächtnisses in Schubladen organisiert. Wenn ich mich real oder in Gedanken an einen bestimmten Ort begebe, dann fallen mir Dinge ein, die mit diesem

Ort zu tun haben. Wenn ich mir verschiedene Obstsorten ins Gedächtnis rufen möchte, dann kommen die Erinnerungen leichter wenn ich das Gedächtnis nach Obstsorten einer bestimmten Farbe befrage. Egal, ob es sich um einen Gegenstand, eine Person oder ein abstraktes Konzept handelt, für jede einzelne Sache, die wir kennen, existiert ein Neuronennetzwerk in unserem Gehirn, das nur dann aktiv wird, wenn sich das Gehirn bewusst oder unbewusst mit dieser Sache beschäftigt. Es gibt Neuronennetzwerke, die nur aktiv werden, wenn ich an Donald Trump denke, und andere Neuronen werden nur aktiv, wenn ich an den Mond denke. Die sogenannte *Hebbsche Lernregel* besagt, dass Neuronennetzwerke, die wiederholt gemeinsam aktiv werden, in Zukunft bevorzugt aufeinander reagieren werden (What fires together, wires together). Wenn ich wiederholt daran denke, Donald Trump auf den Mond zu schießen, dann bildet sich eine immer stärker werdende Verbindung zwischen den Neuronennetzwerken, die Trump codieren und den Netzwerken, die den Mond codieren. Wenn ich an Trump denke, dann wird mir auch der Mond einfallen, und umgekehrt. So funktioniert das Lernen auf neuronaler Ebene. Mehrmals wiederholen, dann steht die Verbindung – jedenfalls so lange, bis die Verdauung einsetzt. Jeder, der einmal Vokabeln pauken musste, weiß das.

Im gesamten Gehirn gibt es rund 100 Milliarden Neuronen, davon fallen etwa 16 Milliarden auf die Großhirnrinde, in der unser Wissen gespeichert ist. Jedes einzelne Neuron ist mit bis zu 10.000 anderen Neuronen verbunden. Alle Verbindungen aneinandergereiht, würden rund 150mal um die Erde reichen, und die Nervenbahnen der Gehirne einer mittelgroßen Schulklasse ließen sich von der Erde bis zur Sonne spannen. Etwas vereinfacht gesprochen ist unser gesamtes Wissen in diesen Verbindungen gespeichert (gleich mehr dazu).

Wenn ich einen bestimmten Gedanken habe, dann wird derjenige Teil meines Wissensnetzes aktiv, der diesen Gedanken repräsentiert. Über die vielen Querverbindungen kann sich die Aktivität auch auf die mit diesem Gedanken verknüpften Gedanken-Repräsentationen ausbreiten. Die meisten aktivierten Assoziationen bleiben unbewusst, aber sie lassen sich experimentell nachweisen. Man konnte zeigen, dass beim Lesen des Wortes "Bank" sowohl diejenigen Neuronen aktiv werden, die das Geldinstitut Bank repräsentieren, als auch jene Neuronen, die für die Sitzgelegenheit Bank stehen. Welche Bank dem Leser bewusst wird, hängt vom Rest des Textes, dem Kontext, ab.

Wenn es uns nicht gelingt, uns an etwas bestimmtes zu erinnern, dann liegt das in den meisten Fällen nicht etwa daran, dass die gewünschte Erinnerung nicht vorhanden wäre, sondern daran, dass unser Bewusstsein von einer unerwünschten Erinnerung blockiert ist. Wer viel Blödsinn im Kopf hat, dem fällt oft nur Blödsinn ein.

Die in unserem Wissensnetz gespeicherten Assoziationen können mehr als nur unsere Gedanken bestimmen. In einem Experiment ließ man die Probanden mit einem Text arbeiten, der einige Wörter enthielt, die man mit dem Stereotyp eines alten Menschen verbindet: verwirrt, alt, grau, einsam, Rente und so weiter. Anschließend bewegten sich die Probanden signifikant langsamer als die Probanden einer Kontrollgruppe, die mit einem anderen Text gearbeitet hatten.

Eine wichtige Implikation aus dem Modell des Wissensnetzes ist, dass etwas völlig Neuartiges nicht ohne weiteres im Faktengedächtnis abgespeichert und wieder erinnert werden kann. Unser Wissensnetz muss Stockwerk für Stockwerk entstehen. Es kann keine in der Luft schwebenden Räume geben. Und wenn es sie gäbe, dann wären sie nicht erreichbar und ihr Inhalt damit nicht erinnerbar. Wer einmal versucht hat, eine Fremdsprache eines ihm neuen Sprachtypus zu lernen, kennt das Problem: Es ist unglaublich schwer, sich die ersten Vokabeln zu merken. Die Kehrseite der Medaille ist, dass wir Neues umso leichter lernen können, je mehr Vorwissen und damit Anknüpfungspunkte wir in unserem Wissensnetz bereits gespeichert haben.

GEDÄCHTNISBILDUNG

GENEXPRESSION

Lernen muss mit strukturellen Veränderungen im Gehirn einhergehen, denn die Hardware ist die Software. Jedes einzelne der etwa 100 Milliarden Neuronen ist mit bis zu 10.000 anderen Neuronen verbunden, jedoch nicht direkt, sondern über sogenannte Synapsen. Das universelle Muster ist nicht etwa -N-N- sondern -N-S-N- wobei N für Neuron und S für Synapse steht.

Eine Synapse ist eine Kontaktstelle zwischen zwei Neuronen, die ein von einem der Neuronen abgefeuertes Signal an das andere Neuron weiterleitet. In welchem Maße sich die Aktivität eines Neurons A auf ein benachbartes Neuron B überträgt, hängt von der Übertragungsleistung der gemeinsamen Synapse ab. Wie schon gesagt, besagt die Hebbsche Lernregel, dass Neuronen, die wiederholt gemeinsam aktiv werden, in Zukunft bevorzugt aufeinander reagieren werden. Im Prinzip bedeutet das nichts anderes, als dass die Übertragungsleistung ihrer gemeinsamen Synapse erhöht wird. Auf diese Weise bildet das Gedächtnis die Zusammenhänge der Außenwelt intern ab. Reize, die außen gemeinsam auftreten, werden auch intern verschaltet. Die Inhalte unseres Gedächtnisses sind also nicht in den Verbindungen, sondern in den Synapsen gespeichert.

Die Übertragungsleistung einer Synapse kann sich entweder vorübergehend oder dauerhaft ändern. Ersteres erklärt das Kurzzeitgedächtnis und letzteres das Langzeitgedächtnis.

Das Kurzzeitgedächtnis beruht auf der vorübergehenden Aktivierung der Ionenkanäle im synaptischen Spalt, wodurch die Übertragungsleistung der betroffenen Synapse für einige Minuten bis maximal zwei Stunden erhöht ist. Zu sichtbaren anatomischen Veränderungen, wie zum Beispiel einer Vergrößerung der Synapse, kommt es erst im Rahmen der Langzeitgedächtnisbildung.

Zur Aktivierung des Kurzzeitgedächtnisses genügt eine einmalige Reizung. Die Langzeitgedächtnisbildung bedarf mehrerer Reizungen, die in bestimmten Abständen erfolgen müssen. Im Rahmen der sogenannten Konsolidierung werden diese Mehrfachreizungen im Schlaf vom Hippocampus, dem Organisator des deklarativen Langzeitgedächtnisses ausgelöst.

Eine Grundvoraussetzung für die Langzeitgedächtnisbildung ist die Expression bestimmter Gene – nur dann stehen die Proteine bereit, die für den Auf- und Umbau der Synapsen gebraucht werden. Man geht davon aus, dass bestimmte Gefühle einen positiven Einfluss auf die Expression der entsprechenden Gene haben. Ein in diesem Zusammenhang häufig genanntes Gefühl ist die Begeisterung, eine Kombination aus starkem Interesse und großer Freude. Überspitzt formuliert bildet das Gedächtnis die Korrelationen der Außenwelt nicht eins zu eins ab, sondern es bevorzugt jene Zusammenhänge, die uns begeistern. Der bekannte Neurobiologe Gerald Hüther bezeichnet die Begeisterung als Dünger für das Gehirn. Ferner sagt er, dass Begeisterung nicht auf Anweisung entstehen kann, und auch nicht, indem man sich einen Ruck gibt. Begeisterung kann nur durch ein echtes Interesse an der Sache selbst entstehen.

Es gibt einen guten Grund, sich beim Lernen auf diejenigen Themen zu konzentrieren, die einen begeistern: Die entsprechenden Inhalte werden bei der Gedächtnisbildung bevorzugt.

DIE COGNITIVE LOAD THEORIE

Lernende unterscheiden zwei grundverschiedene Arten des Lernens: das Auswendiglernen und das Lernen auf Verständnis. Wer einen Text auswendig lernt, wird ihn später eins zu eins wiedergeben können, doch darüber hinaus wird er wenig mit seinen neuen Gedächtnisinhalten anfangen können. Beim Lernen auf Verständnis verhält es sich umgekehrt. Wer einen Text verstanden hat, wird ihn zwar nicht perfekt rezitieren können, aber er kann die neu gewonnenen Erkenntnisse anwenden und auf ihnen aufbauen.

Beim Lernen spielt das Arbeitsgedächtnis eine wichtige Rolle. Die sogenannte *Cognitive Load Theory* geht davon aus, dass unser Wissen in sogenannten Schemata gespeichert ist. Beim Lernen werden neue oder bereits vorhandene Schemata miteinander verknüpft. Eine Voraussetzung dafür ist, dass sich die zu verknüpfenden Schemata einen Moment lang gleichzeitig im Arbeitsgedächtnis befinden. Beim Auswendiglernen eines Textes reichen zwei Schemata aus: das jeweils aktuelle Wort und das darauffolgende Wort. Die einzelnen Wörter werden der Reihe nach wie die Perlen einer Halskette aneinandergereiht. So können sie später in der richtigen Reihenfolge erinnert werden.

Auf Verständnis zu lernen ist deutlich anspruchsvoller, denn hier entsprechen die Schemata nicht den Wörtern, sondern ihrer Bedeutung. Wer die Bedeutung eines Wortes nicht kennt, kann es nicht in einen Sinnzusammenhang bringen. Außerdem kann die Reihenfolge der zu knüpfenden Verbindungen von der Reihenfolge der Wörter im Text abweichen. In vielen Fällen müssen mehr als nur zwei Schemata gleichzeitig ins Arbeitsgedächtnis geladen werden.

Die individuelle Kapazität des Arbeitsgedächtnisses stellt eine natürliche Grenze dar. Wenn die Anzahl der zusammenhängenden Elemente zu groß, oder die Kapazität des Arbeitsgedächtnisses zu klein ist, dann ist kein Verständnis möglich. Es kann nicht "KLICK" machen. Auf Verständnis zu lernen, ist immer mit einer kognitiven Belastung verbunden. Man kann nicht lernen, ohne das Arbeitsgedächtnis zu bemühen. Man kann keine neuen Erkenntnisse gewinnen, ohne aktiv nachzudenken.

Man kann sich das Lernen einfach oder unnötig schwer machen. Wie viel Platz ein bestimmter Sinnzusammenhang im Arbeitsgedächtnis einfordert, hängt von der sogenannten *kognitiven Belastung* des Lernmaterials ab. Es gibt einen intrinsischen und einen extrinsischen Anteil. Die intrinsische Belastung ergibt sich aus dem Sinnzusammenhang selbst. Bestimmte Zusammenhänge sind einfach komplex, und sie lassen sich nicht weiter vereinfachen ohne, dass sie dadurch falsch werden. Die extrinsische Belastung hängt davon ab, wie der Sinnzusammenhang vermittelt wird. Man kann die Dinge komplizierter machen, als sie tatsächlich sind. Je niedriger die extrinsische kognitive Belastung des Lernmaterials, umso leichter fällt das Lernen. Auch die individuelle Kapazität des Arbeitsgedächtnisses ist keine fixe Größe. Sie kann durch Stress, Schlafmangel, Sorgen, Schmerzen, und ablenkende Reize gemindert werden.

Albert Einstein soll einmal gesagt haben, dass man die Dinge einfach aber nicht zu einfach machen sollte. Die Cognitive Load Theorie unterstreicht diese Forderung. Leider gibt es immer wieder Menschen, von denen die Zusammenhänge über das Optimum hinaus verkompliziert werden. Einer meiner Professoren brachte es fertig, die Aufgaben in Klausuren mit irrelevanten Nebensätzen auf über zehn Zeilen aufzublasen. Am Ende des Satzes angekommen konnte man sich garantiert nicht mehr an den Anfang erinnern. Es macht Sinn, aus Quellen zu lernen, die Einsteins Forderung beherzigen.

LERNEN UND SCHLAF

Lernen und Schlafen sind untrennbar miteinander verbunden. Ich möchte den Schlaf zunächst allgemein betrachten und dann im Detail auf die Verbindung zwischen Lernen und Schlafen eingehen. Dies könnte für viele Leser das wichtigste Kapitel im gesamten Buch sein.

Schlaf oder Schlaf-ähnliche Zustände findet man bei allen Tieren, sogar bei Insekten. Schlaf ist nicht die Abwesenheit von Wachheit, sondern eine Art Wartungsmodus, der vom Gehirn aktiv gestartet und wieder beendet wird. Schlaf ist essentiell – wer gar nicht schläft, ist nach wenigen Tagen tot. (Lebewesen, die vollständig am Schlafen gehindert werden, büßen nach und nach wichtige Gehirn- und Körperfunktionen ein und sterben nach wenigen Tagen, zum Beispiel an einer bakteriellen Vergiftung, die von den eigenen Darmbakterien ausgelöst wird, die sich im Körper ausbreiten.)

Im Schlaf ist das Gehirn höchst aktiv – auf eine Art und Weise, die sich grundlegend vom wachen Zustand unterscheidet. Wie bei einer Wasch- oder Geschirrspülmaschine, läuft im schlafenden Gehirn ein Programm ab, das aus verschiedenen Programmpunkten besteht. Dazu zählen die Gedächtniskonsolidierung, die emotionale Verarbeitung von belastenden Erlebnissen, das Entfernen toxischer Stoffwechselprodukte und viele weitere. Schlafforscher unterscheiden zwei grundverschiedene Schlafphasen, die sie als *REM-* und *Non-REM-Schlaf* bezeichnen.

Der REM-Schlaf ist durch schnelle Augenbewegungen und intensive Träume gekennzeichnet. Es handelt sich um einen vergleichsweise leichten Schlaf, aus dem wir leicht aufgeweckt werden können. Der Non-REM-Schlaf ist tiefer und weitgehend traumlos. In Abhängigkeit der Tiefe des Schlafes lassen sich vier Non-REM-Phasen unterschieden (Stufe 1 bis Stufe 4, wobei der Schlaf in Stufe 4 am tiefsten ist). Im Laufe einer Nacht wechseln wir in charakteristischer Weise zwischen den einzelnen Schlafphasen hin und her, wobei der Schlaf wiederholt tiefer und dann wieder leichter wird. Ein solcher Schlafzyklus dauert rund 90 Minuten, wobei sich die einzelnen Zyklen leicht voneinander unterscheiden: In der ersten Hälfte der Nacht überwiegt der Non-REM-Schlaf und in der zweiten Hälfte der REM-Schlaf.

Da bestimmte Wartungsarbeiten auf bestimmte Schlafphasen beschränkt sind, und da die verschiedenen Schlafphasen ungleichmäßig über die Nacht verteilt sind, wiegt ein vermeintlich leichtes Schlafdefizit schwerer, als den meisten Menschen bewusst ist. Bei Menschen, die acht Stunden Schlaf benötigen, findet zum Beispiel der REM-Schlaf hauptsächlich in der siebten und achten Stunde nach dem Einschlafen statt. Wer schon nach sieben Stunden aufgeweckt wird, schläft zwar nur 12% weniger als von der Natur vorgesehen, aber er verliert fast 50% des vorgesehenen REM-Schlafes. Und wer schon nach sechs Stunden aufgeweckt wird, erhält so gut wie gar keinen REM-Schlaf.

Wir leben in einer kurzsichtigen Leistungs- und Neidgesellschaft, die Schlaf viel zu häufig mit Faulheit und Leistungsverweigerung verwechselt. Der Mensch ist die einzige Spezies auf dem gesamten Planeten, die ihren Schlaf vorzeitig gewaltsam beendet und sich sogar noch dafür brüstet. Alle anderen Tiere schlafen, bis der Wartungsmodus abgeschlossen ist. Nicht wenige Menschen gehen sogar noch einen Schritt weiter und nehmen vor dem Zubettgehen Schlaftabletten und/oder Alkohol zu sich, wodurch die Wirksamkeit des Schlafes in hohem Maße negativ beeinträchtigt wird. Schlafforscher wie Matthew Walker sprechen von einer

Epidemie des chronischen Schlafdefizits. Wenn immer mehr Menschen den gleichen Fehler begehen, dann kommt irgendwann der Punkt an dem der Fehler nicht mehr als Fehler erkannt wird. Der Fehler wird zur Norm. Das Streben nach Konformität treibt auch die letzten Menschen dazu, sich das verbreitete falsche Schlafverhalten anzueignen. Der Psychiater Hans-Joachim Maaz bezeichnet dieses Phänomen als „Normopathie".

Der Schlaf hat gute Chancen, die am meisten missverstandene Körperfunktion zu sein. Umfragen zufolge ist die breite Bevölkerung gut über die Vorzüge und Details einer gesunden Ernährungsweise informiert. Fundiertes Wissen über gesunden Schlaf ist jedoch Mangelware. Mit seinem sehr zu empfehlenden Buch *Why We Sleep* möchte der Schlafforscher Matthew Walker diese Bildungslücke schließen. In den folgenden Abschnitten sind seine wichtigsten Punkte zusammengefasst.

WIR ALLE BRAUCHEN MEHR SCHLAF ALS WIR BEKOMMEN

Bis zur Geburt unserer Ururgroßeltern schliefen die Menschen jede Nacht rund zwei Stunden länger als die meisten Menschen heutzutage schlafen. Nachdem Thomas Alva Edison im Jahre 1879 die Glühbirne erfunden hatte, veränderten sich die Schlafgewohnheiten der Menschen radikal.

Die allermeisten erwachsenen Menschen brauchen ziemlich genau acht Stunden Schlaf. Gemeint ist die Zeit, die wir tatsächlich schlafen, nicht die Zeit, die wir im Bett verbringen. Wer ausreichend geschlafen hat, wird von selbst wach – ohne Wecker oder andere äußere Einwirkungen. Erst dann sind die Wartungsarbeiten am Gehirn vollständig abgeschlossen. Wer am Wochenende Schlaf nachholen muss, hat unter der Woche nicht ausreichend geschlafen. Wer morgens ohne Koffein zu nichts zu gebrauchen ist, hat ebenfalls nicht ausreichend geschlafen.

Ein sehr kleiner Teil der Bevölkerung – weniger als 1 Prozent – trägt eine Genmutation, die mit einem deutlich kürzeren Schlafbedürfnis verbunden ist. Diese Information würde Walker seinen Lesern am liebsten vorenthalten, denn seiner Erfahrung nach sind sofort fast alle Menschen davon überzeugt, Träger dieser Mutation zu sein, obwohl sie es nicht sind. Die verbreitete Vorstellung, dass Menschen im Alter weniger Schlaf brauchen, entlarvt Walker ebenfalls als Mythos.

Das Problem ist, dass die meisten Menschen längst vergessen haben, wie es sich anfühlt, ausgeschlafen zu sein. Sie halten ihren defizitären Zustand für normal. Nachdem ich das Buch gelesen hatte, habe ich meinen Wecker außer Betrieb gesetzt. Das Ergebnis: Ich scheine rund achteinhalb bis neun Stunden Schlaf zu benötigen. (Mit Wecker hatte ich mir meist nur etwa sieben Stunden Schlaf gegönnt.)

UNSER SCHLAF-WACH-RHYTHMUS IST NICHT WILLKÜRLICH

Schlaf beginnt mit dem Einschlafen. Das Zeitfenster, in dem Einschlafen möglich ist, wird von einer inneren Uhr gesteuert. Wie ein Nordseestrand, der in einem bestimmten zeitlichen Rhythmus bei Flut überschwemmt wird und bei Ebbe trocken läuft, wird unser Organismus im 24-Stunden-Takt mit dem Schlafhormon Melatonin geflutet. Melatonin legt überall im Körper Schalter um, die das Einschlafen begünstigen. Zum Beispiel wird die Körpertemperatur leicht abgesenkt.

Neben der inneren Uhr gibt es noch einen zweiten Faktor: Adenosin. Mit jeder Stunde, die wir wach sind, steigt dessen Konzentration im Gehirn an und erhöht den sogenannten Schlafdruck. Das Einschlafen klappt dann am besten, wenn beide Kräfte – Melatonin und Adenosin – gleichzeitig wirken. Dies lässt sich erreichen, indem man jeden Tag (auch am Wochenende) zur gleichen Zeit schlafen geht.

Idealerweise sollte unsere innere Uhr exakt mit dem von der Sonne diktierten Tag-Nacht-Rhythmus synchron laufen. Da ihre Taktung jedoch nicht mit der 24-Stunden-Taktung der Sonne übereinstimmt, muss sie regelmäßig synchronisiert werden. Zu diesem Zweck haben wir einen Licht-Detektor in unseren Augen, der unsere innere Uhr über den Sonnenstand informiert.

Künstliches Licht nach Sonnenuntergang, insbesondere das kalte Licht von LEDs, gaukelt dem Detektor Sonnenlicht vor. Das hat zur Folge, dass unsere innere Uhr nachgeht. Wer sich nach Sonnenuntergang drei

Stunden hellem Licht aussetzt, verstellt seine innere Uhr um etwa eineinhalb Stunden und wird entsprechend später müde. Wer am Nachmittag oder Abend Koffein zu sich nimmt, wird ebenfalls später müde, denn das Koffein wirkt dem von Adenosin erzeugten Schlafdruck entgegen. (Koffein blockiert die Adenosin-Rezeptoren.)

Durch unser Verhalten kann das Zeitfenster, in dem Einschlafen möglich ist, leicht nach hinten verschoben werden. Das Zeitfenster nach vorne zu verschieben, ist nicht so leicht möglich. Eine Möglichkeit wäre die Einnahme von Melatonin, aber dazu raten Schlafforscher nur in Ausnahmefällen, etwa um einem Jetlag entgegenzuwirken.

DIE INNERE UHR UNTERSCHEIDET SICH VON MENSCH ZU MENSCH

Es gibt Menschen, bei denen die innere Uhr nachgeht, und es gibt Menschen, bei denen sie vorgeht. Die Natur will es so. Menschen sind soziale Lebewesen, die bis vor einigen tausend Jahren in Gruppen im Freien schliefen. Um keine allzu leichte Beute für Raubtiere und andere Feinde abzugeben, schliefen sie zeitlich versetzt. Ein Teil der Gruppe war zu Beginn der Nacht wach und ein anderer Teil passte in den frühen Morgenstunden auf.

Obwohl wir mittlerweile unter anderen Bedingungen schlafen, lässt sich die Mehrheit der Menschen immer noch einer von zwei Kategorien zuordnen: Eulen, die spät schlafen und Lärchen, die früh schlafen. Die von unserer Biologie vorgegebene Schlafenszeit variiert im Laufe unseres Lebens. Während der Pubertät geht die innere Uhr am weitesten nach, wodurch der optimale Zeitpunkt für das Einschlafen stark nach hinten verschoben ist. Pubertierende werden vergleichsweise spät müde und wachen entsprechend spät wieder auf. Die Zeit ihrer maximalen Leistungsfähigkeit ist in gleicher Weise nach hinten verschoben. Im Alter werden wir zu Lärchen. Wenn ich sehr früh morgens in den Supermarkt gehe, dann treffe ich dort überwiegend Rentner an. Kurz vor Ladenschluss wimmelt es von jungen Menschen.

Eulen werden in unserer Gesellschaft überall benachteiligt und in ihrer Entwicklung behindert, denn Regeln und Gesetze werden von Lärchen für Lärchen gemacht. Ich kann mich noch gut daran erinnern, wie ich morgens in der Schule gegen den Schlaf kämpfen musste, während ich abends hellwach im Bett lag und nicht einschlafen konnte. Der übliche Ratschlag der Erwachsenen lautete: „Gehe früher ins Bett!" Laut Schlafforschung ist dieser Ratschlag kontraproduktiv – er verschlimmert das Problem. Die kontraintuitive Empfehlung der Experten lautet daher, erst dann ins Bett zu gehen, wenn man müde ist.

Man kann es drehen und wenden wie man will, die Schule beginnt morgens viel zu früh. Der frühe Schulbeginn mag für Lehrer und berufstätige Eltern optimal sein, aber für die Schüler ist er alles andere als optimal. Der frühe Schulbeginn ist wider die Natur derer, um die es in der Schule eigentlich gehen sollte.

Schauen wir uns im Folgenden einmal genauer an, wie Lernen und Schlafen zusammenwirken.

DIE BEDEUTUNG VON SCHLAF *VOR* DEM LERNEN

Neu gelernte Inhalte werden zunächst im Hippocampus zwischengespeichert. Erst im Schlaf findet die Gedächtniskonsolidierung statt – die Übertragung ins Langzeitgedächtnis. Im Gegensatz zum Langzeitgedächtnis ist die Speicherkapazität des Hippocampus begrenzt. Sobald der Speicher voll ist, wird die Aufnahme neuer Inhalte verweigert oder die bereits gespeicherten Inhalte werden überschrieben. Für das Lernen ist beides ungünstig.

Erst nachdem man geschlafen hat, steht im Hippocampus wieder frischer Speicherplatz zur Verfügung. Die Gedächtniskonsolidierung und die Wiederfreigabe von Speicherplatz finden zu unterschiedlichen Zeitpunkten statt. Erstere findet im tiefen Non-REM-Schlaf statt, der in den ersten Stunden nach dem Einschlafen überwiegt, und Letztere im leichten Non-REM-Schlaf, der vorwiegend in den letzten beiden Stunden eines achtstündigen Nachtschlafes stattfindet. Wer nur sechs Stunden schläft, lernt am darauffolgenden Tag mit einem Handicap.

Obwohl ein 20-90-minütiger Mittagsschlaf, vergleichsweise wenig leichten Non-REM-Schlaf enthält, wirkt er sich signifikant positiv auf das Behalten des am Nachtmittag zu Lernenden aus. In einem Versuch ließ man zwei Gruppen (A und B) am Vormittag lernen, um den Hippocampus zu füllen. Nur die Probanden aus Gruppe A machten anschließend einen 90-minütigen Mittagsschlaf. Am Nachmittag mussten beide Gruppen erneut lernen. Diejenigen, die geschlafen hatten, konnten sich die am Nachmittag gelernten Inhalte rund 20% besser merken.

Viele Schüler und Studenten machen den Fehler, viel zu viel Stoff an einem einzigen, nicht von Mittagsschlaf unterbrochenen Tag lernen zu wollen. Außerdem sparen sie am Schlaf, um mehr Zeit für das Lernen zur Verfügung zu haben. Diese Rechnung geht nicht auf.

Es ist immer besser, vor dem Lernen auszuschlafen oder einen Mittagsschlaf zu halten, auch wenn man dann weniger Zeit für das Lernen zur Verfügung hat. Dazu kommt noch, dass wir weniger zu Aufschieberitis und Prokrastination neigen wenn wir ausreichend geschlafen haben, das heißt aie Wahrscheinlichkeit, dass wir tatsächlich lernen, wird durch das Ausschlafen erhöht.

DIE BEDEUTUNG VON SCHLAF *NACH* DEM LERNEN

Wer nach dem Lernen schläft, behält 20-40% mehr von den gelernten Inhalten. Matthew Walker sagt: „Schlaf drückt den SAVE-Button." Nach dem Schlafen erhält man sogar Zugang zu einigen Inhalten, die vor dem Schlafen gar nicht erreichbar waren.

Da die Gedächtniskonsolidierung im tiefen Non-REM-Schlaf erfolgt, der vorwiegend direkt nach dem Einschlafen stattfindet, wirkt sich bereits ein 20-minütiger Mittagsschlaf signifikant positiv auf das Behalten der zuvor gelernten Inhalte aus. (Übrigens behandelt der REM-Schlaf nicht alle Gedächtnisinhalte gleich. An Unwichtiges erinnert man sich nach dem Schlafen schlechter oder gar nicht mehr. Im Schlaf wird aussortiert. Anders formuliert: Schlaf sorgt für Klarheit.)

Für ein Experiment wurden Probanden in zwei Gruppen (A und B) eingeteilt. Beide Gruppen ließ man die gleichen Inhalte lernen. Die Probanden aus Gruppe A machten die folgende Nacht durch, während die Probanden aus Gruppe B acht Stunden Schlaf bekamen. Anschließend schliefen beide Gruppen zwei Nächte lang normal, um bei der nun folgenden Prüfung ausgeschlafen zu sein. Die Probanden aus Gruppe A hatten insgesamt 40% weniger der gelernten Inhalte behalten als die Probanden aus Gruppe B.

Auch Fertigkeiten werden im Schlaf gelernt, allerdings nicht im tiefen, sondern im leichten Non-REM-Schlaf, also hauptsächlich in der siebten und achten Stunde. Profisportler und Menschen, die eine Fertigkeit wie zum Beispiel Tanzen oder ein Musikinstrument lernen, sollten daher unbedingt ausschlafen.

Für ein Experiment wurden Probanden in zwei Gruppen (A und B) eingeteilt. Beide Gruppen übten das schnelle Tippen von Ziffernfolgen auf einer Tastatur. 12 Stunden später wurden sie getestet. Nur die Probanden aus Gruppe A durften in dieser Zeit schlafen. Sie waren im Durchschnitt 20% schneller und machten 35% weniger Fehler, während die Probanden aus Gruppe B keine Verbesserung zeigten.

Als Schüler und Student hatte ich abends vor einer Prüfung fast immer das Gefühl, dass gar nichts von dem gelernten Stoff hängengeblieben war. Zu meinem Erstaunen fiel mir vieles am nächsten Tag plötzlich wieder ein. Dass der gelernte Stoff, oder zumindest ein Teil davon, am Abend vor einer Prüfung weg zu sein scheint, ist völlig normal. Wer versteht, wie das Gedächtnis funktioniert, und dass das Gelernte erst mit einer zeitlichen Verzögerung im Langzeitgedächtnis ankommt, kann trotzdem beruhigt schlafen.

In stressigen Lernphasen machen viele Schüler und Studenten den fatalen Fehler, von morgens bis spät in die Nacht zu lernen. Zwar können sie sich so von Eltern und Lehrern nicht vorwerfen lassen, nichts getan zu haben, aber diese Art zu Lernen ist nichts als blinder Aktionismus – ein Schuss ins eigene Knie. Das Lernen sollte grundsätzlich um den regelmäßigen, achtstündigen

Schlaf herum organisiert werden, denn Schlaf ist der wichtigste Bestandteil des Lernens.

KREATIVITÄT UND WEISHEIT ENTSTEHEN IM SCHLAF

Im REM-Schlaf, der insbesondere in der siebten und achten Stunde nach dem Einschlafen stattfindet, probiert das Gehirn neue Verknüpfungen zwischen neuen und alten Gedächtnisinhalten aus, um Lösungen für die Probleme der letzten Tage zu finden. Außerdem wird neu Gelerntes auf Zusammenhänge und Regelmäßigkeiten untersucht. Wer bestimmte Inhalte nicht einfach nur auswendig lernen, sondern verstehen möchte, kommt am REM-Schlaf nicht vorbei. Im REM-Schlaf wird Wissen in Verständnis beziehungsweise Weisheit verwandelt.

Für ein Experiment wurden Probanden in zwei Gruppen (A und B) eingeteilt. Beide Gruppen bekamen den Auftrag, eine langwierige Fleißaufgabe durchzuführen. Die Probanden aus Gruppe A durften anschließend acht Stunden lang schlafen, während die Probanden aus Gruppe B wach blieben. Danach musste der gleiche Aufgabentyp erneut durchgeführt werden. Die Aufgabe war so gestaltet, dass es eine versteckte Abkürzung gab, die es denjenigen, die sie entdeckt hatten, erlaubte, die Aufgabe deutlich schneller zu erledigen. Die versteckte Abkürzung wurde von 60% der Probanden aus Gruppe A entdeckt aber nur von 20% der Probanden aus Gruppe B.

Gute Prüfer prüfen nicht das auswendig gelernte Wissen ab, sondern, ob dieses Verstanden wurde. Daher ist es meist besser, eine Stunde weniger zu lernen und dafür eine Stunde mehr zu schlafen. (Das Leben selbst ist übrigens auch ein guter Prüfer.)

ALKOHOL DRÜCKT DEN LÖSCHEN-BUTTON

Alkohol wird in der Leber zu Acetaldehyd abgebaut, einem der effektivsten Unterdrücker von REM-Schlaf.

Für ein Experiment wurden Probanden in drei Gruppen (A, B und C) eingeteilt. Alle Gruppen lernten eine künstliche Grammatik. Ein im Anschluss an das Lernen durchgeführter Test ergab, dass die Probanden aus allen Gruppen die Inhalte zu 90% beherrschten. Nach einer Woche sollte ein erneuter Test durchgeführt werden. Gruppe A schlief die ganze Zeit über natürlich. Gruppe B trank sich am ersten Abend vor dem Zubettgehen einen leichten Rausch an, um den Rest der Woche natürlich zu schlafen. Gruppe C schlief zunächst zwei Nächte lang natürlich, um sich am Abend vor der dritten Nacht einen leichten Rausch anzutrinken. Für den Rest der Woche schliefen sie wieder natürlich. Dann folgte der Test. Die Grammatik wurde von Gruppe A noch besser beherrscht als im ersten Test. Ihre Gehirne hatten im Schlaf weiter gelernt. Gruppe B hatte nach einer Woche über 50% wieder vergessen. Gruppe C war kaum besser: Die Probanden hatten etwa 40% wieder vergessen.

Die Moral von der Geschichte: Alkohol macht Birne hohl!

VERGESSEN UND ANDERE GEDÄCHTNISFEHLER

Was wir als Vergessen bezeichnen, hat meist nur wenig mit dem tatsächlichen Verschwinden von Gedächtnisinhalten zu tun, denn unter geeigneten Bedingungen tauchen diese oft wieder auf. Es dürften weit über zehn Jahre vergangen sein, seit ich zum letzten Mal mit dem Auto zu einem bestimmten Parkplatz fuhr, um von dort aus eine Joggingstrecke zu laufen. Zuletzt konnte ich mich nur noch daran erinnern, dass die Strecke sehr schön war, aber die Details schienen verloren. Kürzlich fuhr ich zum ersten Mal wieder an diesem Parkplatz vorbei, und plötzlich tauchten wie aus dem Nichts immer mehr Erinnerungen vor meinem geistigen Auge auf. In Gedanken konnte ich die gesamte Strecke abgehen, und immer mehr Details kamen zum Vorschein. Alle diese Gedächtnisinhalte waren die ganzen Jahre über da – sie haben nur auf den passenden Auslösereiz gewartet.

Das echte Vergessen, bei dem die Gedächtnisinhalte unwiederbringlich verschwinden, wurde vor über 100 Jahren von dem Psychologen Hermann Ebbinghaus erforscht. Im Selbstversuch lernte er sinnlose Silben auswendig und maß, wie schnell er wie viele davon wieder vergessen hatte. Seitdem ist bekannt, dass das Vergessen negativ exponentiell verläuft. Nach nur 20 Minuten konnte er sich nur noch an 60% der Silben erinnern. Nach einem Tag waren es noch 34% und nach 6 Tagen noch 23%. Nur 15% des Gelernten blieb dauerhaft in seinem Gedächtnis gespeichert. Was Ebbinghaus gemessen hatte, war die Maximalgeschwindigkeit des Vergessens. Die Silben waren wirklich sinnlos, das heißt sie ließen sich nicht an sein Vorwissen anknüpfen, sodass er keine Eselsbrücken bilden konnte.

In der Praxis hängt die Behaltensrate von der Art des Stoffes, seiner Bedeutungs- und Sinnhaftigkeit, sowie vom emotionalen Kontext und wie er gelernt wurde, ab. Früher Gelerntes wird länger behalten (Ribotsches Gesetz) und ähnliche Inhalte hemmen sich gegenseitig (Interferenz-Effekt). In der Praxis können gute Schüler nach einigen Tagen noch etwa 90% der gelernten Vokabeln erinnern. Am längsten behalten wir Prinzipien und Gesetzmäßigkeiten (1% Vergessen nach 5 Tagen). Texte in Gedichtform behalten wir länger als Texte, die nicht rhythmisch sind (25% beziehungsweise 53% Vergessen nach 5 Tagen).

Wie bereits gesagt, ist das Gedächtnis kein perfektes Archiv, sondern ein Überlebensorgan, das den Nutzen einer Erinnerung höher bewertet als die Wahrhaftigkeit. Gedächtnisfehler gehören zum Alltag. In seinem Buch *Aussetzer* beschreibt der bekannte Gedächtnisforscher Daniel Schacter sieben alltägliche Gedächtnisfehler.

TRANSIENZ (VERGÄNGLICHKEIT)

Gedächtnisinhalte sind vergänglich. Rein theoretisch könnte das Langzeitgedächtnis sehr viel mehr Erinnerungen speichern, als es tatsächlich speichert. Es gibt Menschen mit nahezu perfekter autobiografischer Erinnerungsfähigkeit. Dieses Phänomen wird als *Hyperthymesie* bezeichnet. Die Betroffenen wissen unter anderem, was sie an jedem einzelnen Tag der Vergangenheit zu Mittag gegessen haben und wie das Wetter war. Was für Außenstehende wie ein Geschenk der Natur aussieht, wird von den Betroffenen als Belastung erlebt, denn viele andere Aufgaben erfüllen ihre Gehirne nur unterdurchschnittlich gut. Eine maximale Erinnerungsfähigkeit ist nicht optimal, weil unbedeutsame Erinnerungen vom Wesentlichen ablenken.

Das Gedächtnis ist darum bemüht, möglichst nur bedeutsame Erinnerungen zu bilden. Erinnerungen, die sich als doch nicht bedeutsam erweisen, verblassen mit der Zeit. Dieses Phänomen wird als *Transienz* bezeichnet. Da wir alle (mit ganz wenigen Ausnahmen) von Transienz betroffen sind, ist es ineffizient, Schüler Dinge auf Vorrat lernen zu lassen, die erst Jahre später im Leben bedeutsam sein werden. Bis es so weit ist, hat das Gedächtnis diese Inhalte weitgehend verblassen lassen. Die häufig vorgebrachte Idee, den Kindern bereits in der Schule den Umgang mit Geld beizubringen, damit sie Jahre später als Erwachsene weniger vermeidbare finanzielle Fehler machen, ist gut gemeint, doch das vermittelte Wissen dürfte mit einiger Sicherheit der Transienz zum Opfer fallen, weil es für die Kinder, die noch kein eigenes Geld haben, einfach nicht bedeutsam ist. Erst durch die regelmäßige praktische Anwendung wird praktisches Wissen (deklaratives Gedächtnis) zu praktischem Tun (prozedurales Gedächtnis) und damit dauerhaft gespeichert.

GEISTESABWESENHEIT

Unser gesamtes Faktenwissen wurde einmal aus episodischen Erinnerungen extrahiert. Um vom Gedächtnis in erinnerbare Fakten umgewandelt werden zu können, müssen also zuerst die Episoden (unsere persönlichen Erlebnisse) im episodischen Gedächtnis abgespeichert werden. Wie bereits festgestellt, speichert das Gedächtnis nicht alle Episoden ab, sondern nur solche, die es für bedeutsam hält. Fakten, die in unbedeutsame Episoden eingebettet sind, erreichen das Faktengedächtnis daher wahrscheinlich nicht.

Woran bemisst sich die Bedeutsamkeit? Die Bedeutsamkeit einer Episode erkennt das Gedächtnis an den erlebten Gefühlen und an unserer Aufmerksamkeit. Was uns völlig kalt lässt, und was wir nur am Rande mitbekommen, schafft es zwar ins Kurzzeit-, aber niemals ins Langzeitgedächtnis. Unsere Aufmerksamkeit kann nicht aufgeteilt werden. Wenn ich vor dem eingeschalteten Fernseher sitze und nebenbei konzentriert auf meinem Smartphone lese, dann nehme ich die Geschehnisse im Fernsehen zwar am Rande wahr, aber ich werde mich schon wenige Augenblicke später nicht mehr an sie erinnern können – alles wird wieder weg sein. Das gleiche gilt auch für Gespräche, das heißt, wenn mir jemand zuhört, während er gleichzeitig mit seinem Smartphone beschäftigt ist, dann kann ich mir fast sicher sein, dass er meine Worte nach einigen Sekunden wieder vergessen haben wird.

BLOCKIERUNG

Manchmal liegt uns etwas (scheinbar) auf der Zunge, aber wir können es nicht aussprechen. Die Blockierung tritt häufig bei Nachnamen auf. Ob das Gedächtnis einen Namen später wieder ausspuckt, hängt nicht vom Zufall ab, sondern davon, wie der Inhalt eingespeichert wurde. Namen können sehr viel leichter erinnert werden, wenn man sie schon beim Abspeichern mit kleinen Haken versieht, mit denen sie sich in unserem Wissensnetz verfangen können.

Wenn ich möchte, dass neue Bekanntschaften meinen Namen behalten, dann könnte ich ihnen zusätzlich zu meinem Namen gleich noch eine Eselsbrücke anbieten. Der Psychologe Mihaly Csikszentmihalyi (ein Ungetüm von einem Namen) geht so vor. Dank seiner Hilfe konnte ich mir seinen Namen auf Anhieb merken. In meinem Wohnort gibt es einen kleinen See, an dem ein schöner alter Baum steht, eine Kaukasische Flügelnuss. Lange Zeit konnte ich mir diesen Namen einfach nicht merken. Dann wandelte ich den Namen in ein Bild um: Einen dunkelhaariger bärtiger Mann, der neben dem Baum steht und eine Nuss über den See wirft. Dank dieses Bildes, das ich mir auf Anhieb sehr leicht merken konnte, kann ich den Namen des Baumes bei Bedarf in Sekundenschnelle rekonstruieren.

FEHLATTRIBUTION

Gelegentlich erinnern wir uns an Ereignisse, die niemals auf diese Weise stattgefunden haben. Oder wir glauben, einen genialen Einfall zu haben, aber in Wahrheit ist es eine fremde Idee, von der wir vor einiger Zeit gehört hatten. Fehlattributionen kommen häufig vor, aber meist bleiben sie unbemerkt.

Fast alle Menschen, die am 11. September 2001 den Anschlag auf das World Trade Center in den Medien verfolgt haben, haben eine lebhafte Erinnerung an diesen Tag und glauben, ganz genau zu wissen, wo sie an diesem Tag waren und was sie getan haben. Studien konnten zeigen, dass derartige Erinnerungen in überraschend vielen Fällen komplett falsch sind.

SUGGESTIBILITÄT

Manchmal sehen wir etwas im Fernsehen und glauben einige Zeit später, dass es uns selbst passiert wäre. Die Erinnerung fühlt sich so echt an, dass wir sie nicht von einer wahren Erinnerung unterscheiden können.

VERZERRUNG

Unsere Erinnerungen verändern sich nachträglich, denn das Gehirn passt die Vergangenheit an die Gegenwart an. An anderen Menschen lässt sich dieses Phänomen leicht erkennen. Ein Freund hat seine Meinung geändert, und jetzt behauptet er, dass er schon immer diese neue Meinung gehabt hätte. Viele Menschen würden diesen Freund als einen Lügner bezeichnen und ihm womöglich sogar die Freundschaft kündigen. Aber ist er wirklich ein Lügner?

PERSISTENZ

Manche Erinnerungen würden wir gerne wieder loswerden, aber sie verschwinden einfach nicht. Das bekannteste Beispiel für eine persistente Erinnerung ist der Ohrwurm. Persistenz tritt insbesondere bei emotional besetzten und damit bedeutsamen Erinnerungen auf.

Positiv besetzte Erinnerungen bleiben im Durchschnitt länger im Gedächtnis als negative Erinnerungen. Wer aktiv versucht, etwas zu vergessen, erreicht damit meist genau das Gegenteil.

DIE MUSTER-ERKENNUNGS-THEORIE DES GEISTES

Ray Kurzweil ist ein Pionier auf dem Gebiet der künstlichen Intelligenz und Leiter der technischen Entwicklung bei Alphabet (Google). In seinem Werk *Das Geheimnis des menschlichen Denkens* beschreibt er seine *Muster-Erkennungs-Theorie des Geistes*, kurz PRTM (Pattern Recognition Theory of the Mind). Sie basiert auf den Erkenntnissen der modernen Gehirnforschung und dient der angewandten KI-Forschung als Blaupause für die Entwicklung künstlicher Intelligenz.

Die PRTM beschreibt die Arbeitsweise der Großhirnrinde (Neocortex), dem Sitz des Denkens, Verstehens und Erinnerns. Der Neocortex ist 2 bis 5 Millimeter dick und verleiht dem menschlichen Gehirn die charakteristisch gefaltete Oberfläche. Komplett entfaltet hätte er in etwa die Ausmaße der Sitzfläche eines Stuhls. Bei den meisten anderen Säugetieren ist der Neocortex deutlich kleiner. Die PRTM kann einige Phänomene erklären, die den meisten Menschen aus eigener Erfahrung bekannt sein dürften.

(1) Unser Gehirn ist unglaublich gut darin, Muster zu erkennen, aber Logik fällt uns vergleichsweise schwer. Zum Beispiel ist das menschliche Gehirn dazu in der Lage, vertraute Gesichter schnell und zuverlässig wiederzuerkennen – auch unter ungünstigen Bedingungen, zum Beispiel

wenn sie in Form von Karikaturen stark verzerrt sind. Kein Computer ist dazu in der Lage. Bei Logik verhält es sich umgekehrt. Hier ist uns jeder Taschenrechner haushoch überlegen.

(2) Wir können das Alphabet in wenigen Sekunden aufsagen, jedoch nicht in umgekehrter Reihenfolge. Unser Wissen scheint in Listen organisiert zu sein, die Einbahnstraßen gleichen.

Kurzweils PRTM geht davon aus, dass der Neocortex aus rund einhundert Millionen fast identischen Grundeinheiten besteht, den Mustererkennern. Die funktionelle Einheit im Neocortex ist damit nicht das einzelne Neuron sondern ein Verbund von einigen Dutzend Neuronen. Wir sind dazu in der Lage, komplexe Muster flexibel wiederzuerkennen, weil unsere Mustererkenner hierarchisch miteinander verschaltet sind. Dieses universelle Prinzip lässt sich am einfachsten am Beispiel von Textverständnis verstehen. Während wir einen Text lesen, scannen unsere Augen den Text Zeile für Zeile von links nach rechts. Die Mustererkenner der untersten Hierarchieebene verarbeiten die Rohdaten aus dem Sehsystem. Sie erkennen helle und dunkle Bereiche und melden diese in Echtzeit an Mustererkenner der zweiten Hierarchieebene. Hier wird die charakteristische Abfolge heller und dunkler Bereiche einfachen Formen zugeordnet, zum Beispiel Punkten, Strichen und Kurven. Ein Mustererkenner ist für das Erkennen einer einzigen Form zuständig und meldet ein positives Ergebnis an Mustererkenner der dritten Hierarchieebene. Hier gibt es Mustererkenner, die einzelne Buchstaben erkennen. Ein Mustererkenner, der den Buchstaben "i" erkennt, würde zum Beispiel aktiv werden, wenn er Meldungen über einen Punkt und einen vertikalen Strich erhält. Noch eine Hierarchieebene höher, gibt es Mustererkenner, die einzelne Worte erkennen, sobald ein charakteristisches Muster an Buchstaben gemeldet wurde. Und immer so weiter. Auf der höchsten Hierarchieebene erkennen die Mustererkenner abstrakte Konzepte wie zum Beispiel Sarkasmus oder Ironie.

Auf die gleiche Weise erkennen wir vertraute Gesichter und auch die Emotionen, die diese möglicherweise ausdrücken. Auf die gleiche Weise kann ein Schachspieler die Positionen der Figuren auf dem Schachbrett "lesen" und seinen nächsten Zug planen, ohne – wie ein Computer – Millionen Züge vorausberechnen zu müssen.

Kurzweil vermutet eine hohe Redundanz, das heißt ein vertrautes Gesicht wird wahrscheinlich nicht von einem einzigen Verband an Mustererkennern erkannt, sondern von vielen Verbänden, die sich leicht voneinander unterscheiden. So können wir Gesichter aus verschiedenen Perspektiven erkennen und unterschiedliche Schriftarten lesen. Die Mustererkenner benachbarter Hierarchieebenen tauschen sich intensiv miteinander aus. Dabei fließen Informationen in beide Richtungen. Erfolgreich erkannte Muster werden von unten nach oben gemeldet, und Informationen über die Erwartung zu erkennender Muster fließen in die umgekehrte Richtung. So können Muster auch unter ungünstigen Bedingungen erkannt werden. Zum Beispiel der folgende Satz:

Unnsniig aebr lhiect zu leesn

Jeder geübte Leser kann diesen Satz lesen, aber es dauert etwas länger als bei einem fehlerfreien Satz, weil ein intensiverer Austausch zwischen den Mustererkennern der einzelnen Hierarchieebenen notwendig ist.

Nicht nur die Wahrnehmung, auch das assoziative Denken funktioniert auf der Basis der Mustererkenner. Ein Gedanke A löst einen Gedanken B aus, weil der Gedanke A von einem Mustererkenner, der den Gedanken B repräsentiert, erkannt wird. Dass sich Menschen mit Logik so schwertun, liegt daran, dass das sogenannte logische Denken auf der Basis von Mustererkennung funktioniert. Der Neocortex guter logischer Denker enthält eine vergleichsweise große Bibliothek mit bereits gelösten logischen Problemen, die zur Lösung neuer logischer Probleme herangezogen wird. Was sie nicht auf bereits Bekanntes zurückführen können, ist auch für sie nicht einfach lösbar.

Und unsere Handlungen? Auch hier spielt die hierarchische Mustererkennung eine Hauptrolle. Bestimmte Auslösereize starten eine komplexe Routine, die aus einer Kette von Handlungen besteht, die sich ihrerseits aus einer Kette von Mikro-Handlungen zusammensetzt. Wenn morgens der Wecker klingelt, stehe ich auf und gehe duschen. Anschließend koche ich mir einen Kaffee und mache mich an die Arbeit. Die Zubereitung meines Kaffees verläuft über Handlungen, die ich jeden Morgen in der gleichen Reihenfolge abspule: Kaffeemaschine einschalten – warten bis sie aufgewärmt ist – Schrank öffnen – Kaffeetasse entnehmen – Schrank schließen – Tasse unter den Auslass stellen – Knopf drücken – und so weiter.

Jeder einzelne dieser Schritte besteht aus Mikro-Handlungen. Zum Öffnen des Schranks umfasse ich den Griff mit der rechten Hand und ziehe die Schranktür zu mir. Dann lasse ich den Griff wieder los und senke den Arm. Niemals lasse ich auch nur einen Schritt aus – außer wenn ich beim Abspulen einer Routine unterbrochen werden, zum Beispiel durch einen Telefonanruf. Dann kann es passieren, dass ich einen Schritt vergesse und zum Beispiel den Knopf der Kaffeemaschine drücke, ohne zuvor eine Tasse unter den Auslass gestellt zu haben.

Wer hat unsere Mustererkenner programmiert? Wir selbst! Die Mustererkenner werden programmiert, indem man sich den von ihnen erkannten Mustern aussetzt. Der Lernprozess hat schon vor unserer Geburt mit dem Erkennen von hell und dunkel und von Geräuschen angefangen. Je häufiger ein Mustererkenner "seinem" Muster ausgesetzt ist, umso zuverlässiger erkennt er es. Bei den höchsten Hierarchieebenen dauert es entsprechend am längsten, bis sie ausgelernt haben, denn sie erhalten erst dann zuverlässige Daten von den Ebenen darunter, wenn deren Entwicklung weitgehend abgeschlossen ist. Kinder können mit drei Jahren sprechen, aber erst mit etwa zehn Jahren verstehen sie Ironie.

Solange die Mustererkenner noch nicht ausgelernt haben, sind Denkfehler unvermeidlich. Die meisten Denkfehler sind nicht zufällig. Sie gehorchen einer gewissen Logik und sind reproduzierbar.

Ein verbreiteter Denkfehler könnte darin bestehen, das Wissen über die Funktionsweise eines Muskels auf das Gehirn zu übertragen. Viele Menschen glauben, man könne das Gehirn als Ganzes wie einen Muskel trainieren, zum Beispiel durch Kreuzworträtsel oder Sudoku. Experten sprechen vom sogenannten Ferntransfer. Gibt es einen Ferntransfer?

Kann das logische Denken durch das Lösen von Kreuzworträtseln trainiert werden? Wenn der Neocortex tatsächlich nach Kurzweils Vorstellung funktioniert, dann wäre ein Ferntransfer nicht zu erwarten. Die meisten Studien sprechen ebenfalls gegen den Ferntransfer.

Beim Lösen von Kreuzworträtseln werden nur diejenigen Mustererkenner lernen, die dabei zum Einsatz kommen. Man kann allenfalls auf einen Nahtransfer hoffen: Wer Kreuzworträtsel löst, wird besser darin, Kreuzworträtsel zu lösen und auch einige sehr ähnliche Fähigkeiten könnten verbessert werden. Das Gehirn als Ganzes kann nicht mit einer einzelnen Übung trainiert werden.

Unsere individuellen kognitiven Fähigkeiten hängen mit der Programmierung der Mustererkenner in unserem Neocortex zusammen. Wer bestimmte Mustererkenner nicht ausgebildet hat, kann sie nicht nutzen. Eine wichtige Implikation aus der PRTM ist, dass Wissen so abgespeichert werden sollte, wie es spätere einmal angewendet werden soll. So müssen auch Vokabeln in beiden Richtungen gelernt werden.

Es ist interessant, sich die Arbeit der hierarchischen Mustererkenner im Alltag bewusst zu machen. Mir ist aufgefallen, dass ich den Reifegrad von Birnen möglicherweise mit meinem Apfel-Mustererkenner beurteile. Aufgrund ihrer Textur und Härte, halte ich Birnen fast immer für weniger reif und süß, als sie tatsächlich sind. (Ich habe schon immer viele Äpfel gegessen, aber Birnen esse ich erst seit ein paar Jahren und weniger häufig als Äpfel.) Wenn ich am Computer schreibe und mich vertippe, dann beginne ich den Satz lieber noch einmal ganz von vorne, als in der Mitte des Satzes zu starten.

Es ist wichtig zu verstehen, dass die Mustererkennung die Sprache unserer Gedanken ist. Wenn bestimmte Mustererkenner nicht mit den Mustererkennern für Sprache verbunden sind, können wir über Dinge zwar nachdenken, aber wir können sie nicht artikulieren. In einer Umgebung, in der nur artikulierte Gedanken zugelassen sind, kann das volle Potential des Gehirns nicht genutzt werden, weil viele Mustererkenner eben nicht mit den Mustererkennern für Sprache verknüpft sind.

LERNEN IN DER PRAXIS

„Wenn Du ein Schiff bauen willst, dann rufe nicht die Menschen zusammen, um Aufgaben zu verteilen, sondern lehre sie die Sehnsucht nach dem großen, weiten Meer."

Antoine de Saint-Exupéry

Schüler und Studenten stehen immer wieder vor der Aufgabe, sich auf einen Leistungstest in Form einer Prüfung oder Klausur vorzubereiten. Die allermeisten von ihnen haben niemals gelernt, wie man dabei am besten vorgeht, denn zum einen steht dieses Wissen auf keinem Lehrplan und zum anderen gibt man ihnen nicht die Freiräume, die sie bräuchten, um sich dieses Wissen in Eigenregie anzueignen. Dazu kommt noch, dass Leistungstests vielen Menschen Angst machen, weshalb sie während der Lernphase ausgesprochen unkreativ sind, was ein Grund dafür ist, dass sie immer wieder auf die gewohnte Art und Weise lernen – auch wenn sie im Grunde schon wissen, dass diese nicht funktioniert. (Um eine Strategie zu ändern, braucht es mehr als zu wissen, dass die gewohnte Strategie schlecht ist. Man braucht eine bessere Strategie.)

Auf Basis der in den vorangehenden Kapiteln vorgestellten Zusammenhänge, kann eine Lernstrategie entwickelt werden, die maximalen Lernerfolg mit minimalem Lernaufwand verbindet – natürlich ohne sich selbst oder den Prüfer in irgendeiner Weise zu betrügen. Die im Folgenden vorgestellte Lernstrategie besteht aus mehreren Teilen. Wer das Maximum herausholen möchte, sollte sowohl das Lernen selbst als auch das „Drumherum" optimieren, wobei es nicht um Perfektion geht. Um es mit den Worten von Sharyl Sandberg, der Co-Geschäftsführerin von Facebook zu sagen: „Done is better than perfect!"

DER LEBENSPLAN ALS DAUERHAFTER LERNTURBO

Der berühmte US-amerikanische Motivationsredner Jim Rohn hat einmal gesagt: „Du brauchst einen eigenen Plan für dein Leben, sonst wirst du ganz schnell zu einem Teil der Pläne von Anderen. Und rate mal, was die Anderen für dich geplant haben. Nicht viel!“

Leider sind die meisten Menschen bereits so tief in fremde Pläne eingebunden, dass es ihnen schwerfällt, eigene Pläne zu benennen, die nicht unter der Oberfläche wieder nur fremde Pläne sind. Sie streben Besitztümer und imposante Job-Titel oder möglichst viele Follower in den Sozialen Netzwerken an. Dies sind häufig nicht ihre eigenen Ziele, sondern Ziele, die ihnen von der Gesellschaft, von Hollywood und von Firmen mit raffiniertem Marketing einprogrammiert wurden. Eigene Ziele erkennt man daran, dass sie ein völlig anderes Format haben: Es sind keine Haben-Ziele, sondern Verhaltens- und Sein-Ziele. Besitz kann immer nur ein Mittel zum Zweck sein.

Studien haben gezeigt, dass sich eigene Pläne dauerhaft positiv auf die Leistungen von Schülern und Studenten auswirken. Dieser Effekt bleibt interessanterweise auch dann bestehen, wenn die Pläne gar nichts mit der Schule oder dem Studium zu tun haben. Eigene Pläne und Ziele legen einen Schalter für Zielstrebigkeit in uns um, der Auswirkungen auf das gesamte Leben hat. Eine Manager-Weisheit besagt, dass eine Aufgabe dann am besten erledigt wird, wenn man sie an jemanden delegiert, der eigentlich gar keine Zeit für die Aufgabe hat. Für jemanden, der von linearen Zusammenhängen ausgeht, scheint diese Tatsache paradox zu sein. Die Zusammenhänge sind nicht linear, sondern komplex.

Auf den ersten Blick scheint die Lernphase nicht der richtige Zeitpunkt zu sein, um sich mit eigenen Plänen und Zielen zu befassen. Auf den zweiten Blick spricht jedoch nichts dagegen. Der richtige Zeitpunkt, um damit zu beginnen, etwas wirklich Sinnvolles zu tun, ist immer jetzt. Es ist wichtig zu verstehen, dass es nicht darum geht, sich irgendein x-beliebiges Ziel zu setzen, sondern sich derjenigen Ziele und Pläne bewusst zu werden, die man unbewusst bereits verfolgt. Wer sich seiner Ziele bewusst ist, kann dauerhaft mit besseren Ergebnissen rechnen.

Die folgenden Übungen können dabei helfen, Klarheit zu gewinnen.

SICH DIE EIGENEN WERTE BEWUSST MACHEN

Gehe die Werte-Liste auf Seite 55 durch und markiere deine persönlichen Werte. Welche Werte lösen Gefühle bei dir aus? Es geht um den Ist-Zustand, nicht um den Wunsch-Zustand. Achte bewusst darauf, keine Werte auszuwählen oder auszulassen, nur weil dir bestimmte Werte sozial erwünscht oder unerwünscht scheinen. Schreibe deine Werte auf ein Blatt Papier und ordne sie nach ihrer Wichtigkeit (ähnliche Werte kannst du gruppieren). Je mehr du dich mit deinen Werten beschäftigst, umso klarer werden dir deine eigenen Pläne und Ziele. Rufe dir Situationen ins Gedächtnis, in denen du angeeckt bist oder dich anders verhalten hast, als du von dir selbst erwartet hättest. Können deine Werte dieses Verhalten erklären? Hindert dich irgendjemand oder irgendetwas systematisch daran, in Einklang mit deinen Werten zu leben?

DIE EIGENEN BEDÜRFNISSE ANALYSIEREN

Betrachte die einzelnen Stufen der Bedürfnispyramide (Seite 60). Welche deiner Bedürfnisse sind derzeit unbefriedigt? Welche Auswirkungen haben diese unbefriedigten Bedürfnisse auf dein Leben? Bremsen sie dich aus? Lenken sie dich ab? Was könntest du konkret tun, um diese Bedürfnisse zu befriedigen?

DEINE BEERDIGUNG

Nimm dir ein wenig Zeit und mache es dir gemütlich. Schließe die Augen und stelle dir deine eigene Beerdigung vor, zum Beispiel aus der Sicht eines Vogels, der über dem Geschehen auf einem Ast sitzt. Einige der Trauergäste werden eine kurze Trauerrede halten: ein Familienmitglied, ein guter Freund und ein langjähriger Arbeitskollege. Was möchtest du von diesen Menschen hören? Welche deiner Persönlichkeitsmerkmale und Eigenschaften sollen diese Menschen ansprechen? Als welche Art von Mensch sollen sie dich beschreiben?

DEINE LEBENSAUFGABE

Auf lange Sicht besteht ein Zusammenhang zwischen dem was wir tun und wer wir sind. Menschen werden von ihren Jobs geformt und manchmal auch schmerzhaft verformt – sowohl körperlich als auch charakterlich. Wer für eine längere Zeit einen Job machen muss, der seinen Werten und persönlichen Plänen und Zielen widerspricht, wird davon nicht unbeeinträchtigt bleiben. Und wer das Glück hat, einen Job zu haben, der mit seinen Werten, Plänen und Zielen harmoniert, wird darin aufblühen. Wie findet man einen Job „mit Zukunft" der zu einem passt?

Einige Experten sind der Ansicht, dass die Automatisierung und Digitalisierung massenhaft Arbeitsplätze vernichten wird, weil immer mehr Aufgaben von KIs und Maschinen übernommen werden. Andere Experten, darunter die meisten Politiker, prophezeien haufenweise neue Jobs in Tätigkeitsfeldern, die wir uns heute noch gar nicht vorstellen können. Welches dieser beiden Szenarien eintreten wird, dürfte letztlich davon abhängen, welches Szenario wir als Gesellschaft gezielt ansteuern. Es ist keine Kunst, neue Jobs zu schaffen. Alles was es dafür braucht sind neue Gesetze, die den Menschen ein hohes Maß an Bürokratie aufzwingen.

Ein gutes Beispiel ist die am 25. Mai 2018 in Kraft getretene europäische Datenschutzgrundverordnung (DSGVO), die alle Webseitenbetreiber dazu zwingt, in ihrer Datenschutzerklärung penibel genau, aber doch allgemeinverständlich, aufzuführen, wie die Webseite die IP-Adressen und andere sogenannte personenbezogene Daten der Webseitenbesucher verarbeitet. Für die meisten Betroffenen bestand das Hauptproblem nicht darin, die neue Datenschutzerklärung zu verfassen, sondern darin, die schwammig formulierten Paragraphen der Verordnung zu verstehen und sie auf die individuelle Situation zu übertragen. Nicht einmal Juristen können mit absoluter Sicherheit sagen, welche Art der Verarbeitung nun erlaubt ist. Webseitenbetreiber, die sich korrekt verhalten wollen, stehen vor einem nicht zu lösenden Problem. Bis es zu ersten gerichtlichen Entscheidungen kommt, wird das Damoklesschwert einer Abmahnung über ihren Köpfen schweben. Wie real die Gefahr ist, spielt dabei keine große Rolle, denn es ist die empfundene Gefahr, die ihnen zu schaffen macht. Die meisten Betroffenen – europaweit dürften es einige Millionen sein – haben mehrere Wochen ihrer Zeit investiert. Es ist nicht schwer, neue Aufgaben zu schaffen, um Menschen eine Beschäftigung zu geben. Albert Schweitzer hat unsere Lage perfekt auf den Punkt gebracht: „Der moderne Mensch wird in einem Tätigkeitstaumel gehalten, damit der nicht zum Nachdenken über den Sinn seines Lebens und der Welt kommt."

Schwierig wird es erst dann, wenn man den Anspruch stellt, dass die neuen Aufgaben als sinnhaft empfunden werden. Die empfundene Sinnhaftigkeit einer Aufgabe misst sich an den unbefriedigten Bedürfnissen, die sie befriedigt – denn genau dafür hat uns die Natur mit einem Gefühl für Sinn ausgestattet. Das Hauptproblem ist, dass sich die meisten dieser als sinnhaft empfundenen Aufgaben nicht wirklich kommerzialisieren lassen. Einsamkeit ist ein immer größer werdendes Problem, aber die Menschen haben lieber echte Freunde, als Schauspieler dafür zu bezahlen, Freundschaft zu heucheln. Hinzu kommt noch, dass Menschen, die nicht mehr einsam sind, keine Ersatzbefriedigungen mehr benötigen, also weniger konsumieren, wodurch weitere Aufgaben unnötig werden.

Immer mehr Menschen, insbesondere solche, die in Jobs gefangen sind, die sie als sinnlos empfinden (In seinem gleichnamigen Buch bezeichnet David Graeber diese Jobs als *Bullshit Jobs* – und Gunter Dueck spricht von „Flachbildschirmrückseitenvorlesern"), sehnen sich nach einer sinnvollen Aufgabe.

Diese Menschen sind ein gefundenes Fressen für Selbsthilfe- und Motivations-Gurus, die ihnen dazu raten, einfach ihrer Passion zu folgen. Ihr Ratschlag: „Mache was du liebst zu deinem Beruf!" Einer gründlichen Prüfung hält dieser Ratschlag leider nicht stand. Eine Karriere dauert Jahrzehnte, während eine Passion nach vergleichsweise kurzer Zeit verglüht sein kann. Dazu kommt noch, dass viele Menschen eine Passion im Bereich der Kunst, Literatur oder Musik haben, also in einem Bereich, in dem nur die besten der Besten die Chance haben, ein gutes Auskommen zu erwirtschaften.

Es ist richtig, dass man seinen Beruf mögen oder gar lieben sollte, aber das bedeutet nicht, dass man eine Tätigkeit, die man aktuell sehr gerne ausübt, zu seinem Beruf machen sollte. Die Liebe für eine bestimmte Tätigkeit verschwindet häufig genau dann, wenn man sie nicht mehr ausüben darf, sondern ausüben muss. Ein weitaus besserer Ansatz besteht darin, sich für einen Werdegang zu entscheiden, in den man sich erst mit der Zeit, dafür aber dauerhaft verlieben wird.

Dass es vielen Menschen schwerfällt, einen Beruf zu finden, der sie erfüllt, dürfte auch daran liegen, dass sie sich bei der Suche nicht auf Aufgaben, sondern auf konkreten Jobs fokussieren. In seinem sehr zu empfehlenden Bestseller *The Big Five for Life* führt John Strelecky das Konzept des Zwecks der Existenz ein. Seine These: Sowohl Menschen als auch Unternehmen haben einen Zweck der Existenz, eine Art Lebensaufgabe. Menschen sollten dann und nur dann für ein Unternehmen arbeiten, wenn sie den gleichen Zweck der Existenz haben. Wer bei der Auswahl potentieller Arbeitgeber nach dieser Regel vorgeht, wird feststellen, dass man für viele Unternehmen, insbesondere Großkonzerne, im Grunde gar nicht arbeiten kann, denn ihr Zweck der Existenz besteht nur darin, Geld in die Kassen ihrer Aktionäre zu spülen. Alle anderen Ziele ordnen sich diesem Ziel unter.

Neben der empfundenen Sinnhaftigkeit gibt es noch zwei weitere entscheidende Faktoren: die eigenen Fähigkeiten und Selbstbestimmung. Nur wenn alle drei Faktoren zusammenkommen, entsteht eine dauerhafte intrinsische Motivation für entsprechende Tätigkeit (Dieser Zusammenhang wird von Daniel Pink in seinem Buch *Drive* genauer analysiert).

Die zukünftige und dauerhafte Passion wird man in einem Aufgabenfeld finden, bei dem die folgenden drei Bedingungen erfüllt sind: (1) Man ist sehr gut darin. (2) Man sieht einen Sinn darin. (3) Man kann die Tätigkeiten selbstbestimmt ausführen.

Es geht noch nicht darum, sich für einen konkreten Beruf zu entscheiden (außer natürlich wenn man gerade einen Job sucht), sondern darum, ein möglichst großes gesellschaftliches Problem zu finden, für dessen Lösung man seine Fähigkeiten selbstbestimmt einsetzen möchte. Schauen wir uns die drei Punkte einmal genauer an.

(1) Wir Menschen beherrschen bestimmte Tätigkeiten nicht etwa von Natur aus gut, sondern weil wir sie gelernt und geübt haben – erst nach etwa 10.000 Stunden bewusstem Üben sind wir richtig gut. Wir alle sind keine unbeschriebenen Blätter, denn wir lernen und üben seit unserer Geburt. Dasjenige Tätigkeitsfeld, das wir zu unserem Beruf machen sollten, beschäftigt uns schon eine Weile lang – idealerweise seit unserer frühen Kindheit. Es ist nicht ratsam, noch einmal bei null anzufangen.

(2) Wir Menschen erleben eine Tätigkeit dann als sinnvoll, wenn sie im Großen und Ganzen mit unseren Werten harmoniert. Leider werden viele Menschen dazu gezwungen, ihre Werte mit Füßen zu treten, denn wir leben in einer Gesellschaft, die möchte, dass jeder erwerbsfähige Mensch arbeitet. Das System drängt die Menschen dazu, den erstbesten Job anzunehmen, der ihnen angeboten wird. Ob diese Arbeit sinnhaft ist und die Welt zu einem besseren Ort macht, ist zweitranging. Es ist wie es ist. Wer diesen Albtraum vermeiden möchte, sollte sich möglichst früh

mit seinen Werten beschäftigen und damit anfangen, sich für Probleme zu interessieren, an dessen Lösung er mitwirken möchte.

Dem Geld hinterher zu sein, ist keine gute Idee. Menschen, die Geld auf direktem Wege anstreben, haben es schwer, denn ihr soziales Umfeld wird sich nicht für ihre rein monetären Ziele einspannen lassen. Menschen wollen nicht, dass sich andere Menschen bereichern, geschweige denn sie dabei unterstützen. Wer allerdings ein gesellschaftliches Problem lösen möchte, wird schnell von allen möglichen Seiten Unterstützung erhalten. Der US-Amerikanische Unternehmer und Milliardär Elon Musk hat einmal gesagt, dass die Höhe der Bezahlung direkt von der Größe des Problems abhängt, das man mit seiner Arbeit löst. Erst kommt die Problemlösung, dann kommt das Geld.

(3) Das Gegenteil von Selbstbestimmung ist nicht Fremdbestimmung. Fremdbestimmung ist nicht per se schlecht. Einer der am meisten fremdbestimmten Berufe überhaupt dürfte der Beruf des Astronauten sein. Die Astronauten scheinen damit aber keine Probleme haben. Was unsere intrinsische Motivation tötet ist nicht Fremdbestimmung, sondern das ständig präsente Gefühl, jederzeit von der Willkür anderer Menschen betroffen sein zu können.

DIE LEBENSZIELE HANDSCHRIFTLICH FESTHALTEN

Eigene Ziele und Pläne wirken sich nur dann positiv auf das gesamte Leben aus, wenn man sie ernst nimmt. Eine Möglichkeit, die eigenen Ziele und Pläne ernst zu nehmen besteht darin, sie in einem Journal handschriftlich festzuhalten.

Im Vergleich zur deutschen Sprache, bringt die englische Sprache sehr viel besser zum Ausdruck, dass es viele verschiedene Arten von Zielen gibt: *vision*, *mission*, *goal*, *aim*, *objective*, *purpose*, *destination*, *target* etc.

Am wichtigsten ist die Vision. Wo möchte ich überhaupt hin? Von der Vision hängt alles andere ab. Die Vision hat die Aufgabe, uns zu motivieren, den weiten und mühsamen Weg zu gehen und Strapazen auf uns zu nehmen. Ein schönes Beispiel für eine solche Vision ist der Song „Haus am See“, in dem Peter Fox von einer Straße erzählt, die zu einem

Haus am See führt, wo er als alter Mann auf der Veranda sitzt und seine Enkelkinder sieht. Das Haus ist die Vision und die Straße symbolisiert den (weiten) Weg dorthin.

Von der Vision ausgehend werden mittel- und kurzfristige Ziele definiert. Ein mittelfristiges Ziel füllt typischerweise einen Zeitrahmen von einigen Monaten bis wenigen Jahren aus und es bringt einen der Vision einen Schritt näher. Ein Beispiel wäre ein Studienabschluss, eine Ausbildung, eine persönliche Veränderung oder ein anderes größeren Projekt.

Zum kurzfristigen Ziel führen kleinere Etappen von einigen Stunden bis Tagen. Zum Beispiel könnte es erforderlich sein, sich eine neue Gewohnheit anzueignen oder ein Buch zu lesen.

An eigenen Zielen zu arbeiten, macht uns nicht nur freier und selbstbestimmter, sondern auch leistungsfähiger und effektiver. Da wir nicht mehr darauf programmiert sind, es vielen anderen Menschen recht zu machen, sondern nur noch uns selbst, laufen wir nicht mehr Gefahr, in zwei entgegengesetzte Richtungen gleichzeitig zu laufen und dabei auf der Stelle stehen zu bleiben.

Dem, der eigene Ziele verfolgt, fällt es außerdem leichter, zu fremden Zielen nein zu sagen.

DIE ARBEITSEINSTELLUNG

In einer Indianergeschichte sitzt ein alter Häuptling mit seinem Enkelsohn am Lagerfeuer und erzählt ihm von einem ständigen Kampf, der in ihm tobt. Dieser Kampf wird von zwei Wölfen ausgefochten. Einer der beiden Wölfe ist böse. Seine Waffen sind Zorn, Neid, Eifersucht, Sorgen, Schmerzen, Gier, Arroganz, Schuld, Vorurteile, Lügen und falscher Stolz. Der andere Wolf ist gut. Er kämpft mit Freude, Liebe, Hoffnung, Demut, Güte, Heiterkeit, Großzügigkeit, Aufrichtigkeit und Mitgefühl. Der Enkelsohn möchte wissen, welcher der beiden Wölfe den Kampf gewinnt. Daraufhin der Häuptling: „Der den du fütterst!"

Viele Menschen sabotieren ihren eigenen Erfolg, weil sie immer wieder die gleichen hinderlichen Glaubenssätze füttern. Manche von ihnen reden sich ein, dass die Naturgesetze nur für die anderen Menschen gelten, aber nicht für sie selbst. Andere bilden sich ein, dass sie eigentlich super erfolgreich sein müssten, es aber nur deswegen nicht sind, weil sie von der Dummheit der anderen Menschen zurückgehalten werden. Viele glauben, den Stoff zwar zu verstehen, dass der (dumme) Prüfer aber von ihnen verlangt, alles nur stumpf auswendig zu lernen. Und da sie glauben, dass ihr Gehirn nicht auswendig lernen kann, weil es anders als andere Gehirne funktioniert, haben sie nicht die Noten, die sie verdienen. (Nicht wenige Menschen glauben sogar, beim Poker nur deswegen ständig zu verlieren, weil ihre Gegner so schlecht sind. Kein Witz!)

Regel Nr. 1: Menschen, die wirklich erfolgreich sein möchten, kümmern sich nicht um Dinge, auf die sie keinen Einfluss haben (wie zum Beispiel was der Prüfer vielleicht denken könnte.)

Das Gehirn lernt unter den richtigen Bedingungen automatisch. Tatsächlich ist es sogar so, dass man unter den richtigen Bedingungen gar nicht verhindern kann, dass das Gehirn lernt. Die erste und wichtigste Aufgabe besteht daher darin, für die richtigen Bedingungen zu sorgen. Lernen heißt, die optimale Anzahl von Stunden mit der optimalen Tätigkeit zu verbringen. Planung ist alles und ohne Plan ist alles nichts. Schon Benjamin Franklin wusste: „If you fail to plan, you plan to fail!" (Wenn du nicht planst, dann planst du zu scheitern!)

Regel Nr. 2: Die Gehirne aller gesunden Menschen funktionieren nach dem gleichen Prinzip. Jeder Mensch kann Dinge verstehen und jeder Mensch kann Dinge auswendig lernen. Lernerfolg ist eine Frage von Zeit, Strategie und Technik.

Man hat nie genug Zeit für alles was man sich vorgenommen hat. Daher ist es wichtig, die zur Verfügung stehenden Ressourcen so auf die zu erledigenden Aufgaben zu verteilen, dass unter dem Strich das Maximum herauskommt. Es ist besser, drei Aufgaben zu je 80% zu erledigen (0.8 x 0.8 x 0.8 = 0.512), als eine Aufgabe zu 100% und die beiden anderen Aufgaben zu 70% (1.0 x 0.7 x 0.7 = 0.49). In der Praxis dürfte der Unterschied noch größer sein, als die Zahlen im Rechenbeispiel suggerieren, denn Aufwand und Ergebnis stehen in keinem linearen Verhältnis zueinander.

Regel Nr. 3: Vermeide einseitigen Perfektionismus! (Ignoriere diese Regel, wenn du für die Sicherheit von Kernkraftwerken oder Flugzeugen zuständig bist.)

Regel Nr. 4: Räume deinem Schlaf die allerhöchste Priorität ein (keine Ausnahmen!) und verzichte rigoros auf Alkohol (keine Ausnahmen). Eine der größten Gefahren geht von Selbstsabotage aus. Die beiden am häufigsten begangenen Wege der Selbstsabotage sind Schlafmangel und Alkohol während der Lernphase.

LIFESTYLE & LERNPHASE

Auf zwei Dinge kommt es an: Stress und mentale Energie. Vom Stress wollen wir möglichst wenig und von der mentalen Energie wollen wir möglichst viel.

STRESS

Stress ist nicht grundsätzlich schlecht, denn Stress ist nicht gleich Stress. Man muss zwei grundverschiedene Arten von Stress unterscheiden: negativen Distress und positiven Eustress. Bis zu einem gewissen Grad kann uns Eustress dabei helfen, in die Gänge zu kommen und ernsthaft auf ein Ziel hinzuarbeiten. Welches Maß an Stress einem Menschen guttut, ist individuell verschieden. Manche Menschen brauchen eine ordentliche Portion davon, und andere sind auch ohne Stress imstande, Leistung zu bringen. Kenne dich selbst!

Stress, der über ein gewisses Maß hinausgeht, stört unser logisches Denken und engt unser Weltbild ein. Unter Stress sind wir weniger aufgeschlossen gegenüber Neuem und beharren auf konservativen Vorstellungen. Wir fallen auf bekannte Gewohnheiten und Routinen zurück und entwickeln uns nicht weiter. Es ist wichtig zu verstehen, dass Stress kumulativ wirkt. Viele kleine Stressoren, die gleichzeitig wirken, können uns genauso stressen wir ein großer Stressor. Es macht daher Sinn, die vielen kleinen unnötigen Stressoren abzustellen, um unvermeidbaren Stressoren mehr entgegensetzen zu können. Zu den (kleinen) unnötigen Stressoren gehören Schlafmangel, leere Kalorien (Fast Food etc.), Lärm, Reizüberflutung (Radio oder TV im Hintergrund) und Hitze. Das Vorhandensein jedes einzelnen dieser vielen kleinen Stressoren sorgt zwar nur für einen geringen Anstieg der Stresshormone im Blut, aber in der Summe kann da einziges zusammenkommen.

Nicht immer lassen sich Stressoren vermeiden. In dem Fall ist es empfehlenswert, die Stresshormone regelmäßig aus der Blutbahn zu entfernen. Dies kann durch aktive Entspannungsübungen erreicht werden. Es ist wichtig zu verstehen, dass passive Entspannung (auf dem Sofa liegen) keinen Einfluss auf die Stresshormone im Blut hat, das heißt der erhöhte Stresslevel bleibt erhalten. Nur der aktive Stressabbau ist wirksam. Die wohl beste Methode zum Stressabbau ist die körperliche Bewegung, in Form von Sport oder Spaziergängen (idealerweise im Wald, weil der Wald zusätzlich eine positive Wirkung auf den Stressabbau hat). Es macht Sinn, den aktiven Stressabbau zu einer Gewohnheit zu machen und zum Beispiel jeden Tag um die gleiche Uhrzeit für eine Stunde in den Wald zu gehen. So bleibt der Stresslevel dauerhaft niedrig und man kann mehr Lernstress tolerieren.

MENTALE ENERGIE

Um effektiv lernen zu könne, brauchen wir unseren präfrontalen Cortex (PFC). Im aktiven Zustand zählt der PFC zu den größten Verbrauchern von Blutzucker. Wenn unser Organismus nicht genug Blutzucker liefern kann, dann fällt der PFC vorübergehend aus. Es ist wichtig zu verstehen, dass wir unseren PFC bei vielen verschiedenen mentalen Tätigkeiten einsetzen. Neben dem zielgerichteten Denken nutzen wir ihn, um Versuchungen zu widerstehen und um rationale Entscheidungen zu treffen. Weil alle diese mentalen Tätigkeiten die gleiche Energiequelle verbrauchen, behindern sie sich gegenseitig. Um möglichst viel Energie für das zielgerichtete Denken zur Verfügung zu haben, empfiehlt es sich daher, Versuchungen (Süßigkeiten, Smartphone, TV etc.) außer Reichweite zu schaffen, sodass sie nicht ständig im Blickfeld sind. Der Punkt ist: Selbst wenn man es schafft, diesen Versuchungen erfolgreich zu widerstehen, verbraucht man kostbare Energie. Es ist daher immer besser, sich gar nicht erst in Versuchung zu bringen und auch verführerische Webseiten und Apps (Facebook, YouTube, Email-Account etc.) mit einer speziellen Software (z.B. Freedom) zu sperren.

Die dauerhafte Energieversorgung unseres PCF stellen wir über unsere Ernährung sicher. Da der Körper Blutzuckerspitzen aktiv bekämpft und dabei über das Ziel hinausschießt, was zu einem rapiden Abfall des Blutzuckerspiegels führt, sollten alle Nahrungsmittel, die große Mengen Zucker enthalten, vermieden werden. Darunter fallen nicht nur zuckerhaltige Lebensmittel wie Süßigkeiten, Obst, Softdrinks und Fruchtsäfte, sondern auch stark verarbeitete Nahrungsmitteln, die viel leicht zugängliche Stärke enthalten, denn diese wird vom Körper bald nach dem Verzehr zu Zucker abgebaut.

Es ist wichtig zu verstehen, dass der Blutzuckerspiegel im Tagesverlauf schwankt. Kurz nach den Mahlzeiten steigt der Blutzuckerspiegel an, um bis zur nächsten Mahlzeit wieder abzufallen. Es macht Sinn, diesen natürlichen Verlauf bei der Planung der Lerneinheiten zu berücksichtigen. Je mehr Zeit seit der letzten Mahlzeit vergangen ist, umso weniger leistungsfähig sind wir.

LERNMETHODEN DIE FUNKTIONIEREN

Ich bin davon überzeugt, dass sich der Unterschied zwischen erfolgreichen und weniger erfolgreichen Schülern und Studenten nicht so sehr auf Unterschiede bei der Intelligenz oder Begabung zurückführen lässt, sondern vielmehr auf die Art und Weise wie diese Schüler und Studenten lernen. Die besten Schüler und Studenten lernen mit den effektiveren Lernmethoden.

Gute Lernmethoden sind auf die Funktionsweise des Gehirns zugeschnitten. Man spricht daher auch von gehirngerechtem Lernen. Viele Schüler und Studenten machen den Fehler und lernen mit Lernmethoden, die gar nicht funktionieren können. Eine sehr beliebte, aber leider unbrauchbare Lernmethode ist das Anstarren von beschriebenem Papier. Dazu eine kleine Übung: Versuche aus dem Gedächtnis die Anordnung der Icons auf dem Startbildschirm deines Smartphones wiederzugeben. Obwohl wir den Startbildschirm unseres Smartphones Studien zufolge etwa 90mal pro Tag zu Gesicht bekommen, sind wir nicht dazu in der Lage, die Anordnung der paar wenigen Icons wiederzugeben. Warum nicht? Weil das bloße Betrachten, egal wie oft es wiederholt wird, keine effektive Lernmethode ist.

Worauf es beim Lernen ankommt, ist das sogenannte *Codieren.* Mit Ausnahme einiger weniger Inhalte, die starke Gefühle hervorrufen und sich deswegen augenblicklich im Gedächtnis einbrennen, muss alles, was im Gedächtnis gespeichert werden soll, gedanklich verarbeitet werden. Der zu lernende Inhalt muss ins Arbeitsgedächtnis geladen werden, am besten gemeinsam mit demjenigen Auslöser, der später das Erinnern auslösen soll. Außerdem bedarf es der mehrmaligen Wiederholung, um dafür zu sorgen, dass der Inhalt nicht bloß im Kurzzeit-, sondern im Langzeitgedächtnis abgespeichert wird, und um zu verhindern, dass der Inhalt wieder aussortiert wird. Eine gute Lernmethode muss dem gerecht werden. Sie muss dafür sorgen, dass die zu lernenden Inhalte wiederholt gemeinsam mit guten Auslösern ins Arbeitsgedächtnis geladen werden. Da Gedächtnisinhalte beim Erinnern gestärkt werden, empfiehlt es sich, die Inhalte möglichst nicht aus externen Quellen ins Arbeitsgedächtnis zu laden, sondern aus dem Gedächtnis selbst. (Wir merken uns nicht was wir wiederholt sehen, sondern was wir wiederholt erinnern.) Auch die Auslöser sollten sich idealerweise im Kopf selbst befinden. Nur dann stehen sie immer und überall zu Verfügung. In einer Klausur bringt es mir wenig, wenn mir eine bestimmte Vokabel nur dann einfällt, wenn ich ein über meinem Schreibtisch hängendes Bild ansehe, insbesondere wenn mir dieser Auslöser nicht bewusst ist. Falls mir der Auslöser bewusst ist, kann ich ihn in der Klausur nutzen, indem ich mir das Bild über meinem Schreibtisch ins Gedächtnis rufe.

Eine sehr gute Lernmethode, mit der viel Wissen mit wenigen Auslösern verknüpft werden kann, ist die Mindmap. Im Zentrum der Mindmap steht ein zentraler Begriff, von dem mehrere Unterpunkte abgehen die sich wiederum in UnterUnterPunkte aufspalten. Besonders effektiv wird eine Mindmap dann, wenn man sich weitere Eigenschaften des Gedächtnisses zunutze macht. Unser Gedächtnis merkt sich Bilder sehr viel besser als abstrakte Konzepte. Außerdem merken wir uns Dinge besser, wenn wir sie handschriftlich niederschreiben. Leider lassen sich viele Menschen vom vermeintlichen technischen Fortschritt täuschen. Sie halten Mindmaps, Karteikartensysteme und Handschrift für antiquiert und glauben, dass man die in der heutigen Zeit zur Verfügung stehende digitale Technik zum Lernen nutzen müsse. Dies ist ein Trugschluss, denn die Effektivität einer Lernmethode ergibt sich einzig und allein daraus, wie gut sie auf die Funktionsweise unseres Gedächtnisses beziehungsweise Gehirns zugeschnitten sind. Es ist wissenschaftlich bewiesen, dass wir uns Dinge besser merken, wenn wir sie handschriftlich aufschreiben. (Dass die Anbieter digitaler Lern-Apps versuchen, uns vom Gegenteil zu überzeugen, versteht sich von selbst.)

Sollte man also gar keine digitale Technik nutzen? Doch, unbedingt – aber auf einer anderen Stufe des Lernprozesses. Lernen ist ein Prozess mit mehreren Stufen. Das Ziel ist ein multidimensionales Konstrukt aus Wissen und Vernetzung in unserem Gedächtnis, bei dem sich die einzelnen Inhalte gegenseitig als Auslöser dienen. Die Summe der Auslöser-Inhalt-Verknüpfungen entspricht dem Verständnis. Leider kann das multidimensionale Konstrukt nicht in einem Rutsch von außen ins Gedächtnis eingebracht werden, genau wie eine große Raumstation nicht am Stück in den Weltraum transportiert werden kann. Die Bestandteile müssen einzeln in die Umlaufbahn beziehungsweise ins Gedächtnis gebracht und dort korrekt zusammengefügt werden. Der Vergleich mit der Raumstation hinkt etwas, denn nur im Falle der Raumstation existiert ein Plan, der genau vorsieht, auf welche Art und Weise die vielen Einzelteile verbunden werden müssen. Das Puzzle hat nur eine Lösung.

Beim Wissensnetz gibt es keinen solchen Plan. Die Verknüpfung ergibt sich aus den Bestandteilen selbst – und es kann mehrere Lösungen geben. Nachdem die Inhalte in Form von Einzelteilen im Gedächtnis gespeichert wurden, müssen alle möglichen Querverbindungen ausgetestet werden, denn es gibt keinen Plan, der vorgibt, wie das Konstrukt am Ende aussehen soll. Das Austesten der Querverbindungen findet automatisch im Schlaf statt, aber nur unter den richtigen Bedingungen. Man muss dem Gehirn einen Auftrag erteilen. Wie? Indem man sich bereits im Wachzustand mit dem Stoff beschäftigt. Hier darf die digitale Technik zum Einsatz kommen. Es fällt leichter, sich mit dem Stoff zu beschäftigen wenn man dabei ein bestimmtes Ziel verfolgt. Einer der Gründe warum ich Bücher und Blogartikel zu bestimmten Wissensthemen schreibe und Videos drehe und auf YouTube hochlade, ist der, dass ich dabei selbst sehr viel lerne. Der Vorteil von Blogartikel ist, dass man dort Querverbindungen in Form von Hyperlinks einbauen kann. Dadurch ergibt sich eine multidimensionale Struktur, die der Struktur des Wissensnetzes im Gehirn ähnlich ist.

In einem ersten Schritt beschäftige ich mich ausführlich mit einem bestimmten Thema, indem ich Bücher und Artikel lese und mir Videos ansehe. Dabei mache ich mir viele Notizen. Im zweiten Schritt beschäftige ich mich mit meinen Notizen, indem ich die wichtigsten Punkte auf kleine (und große) Klebezettel schriebe, die ich wie ein großes Puzzle auf dem Tisch anordne. Im dritten Schritt überlege ich mir, wie ich „trockene" Zusammenhänge einprägsamer darstellen kann, zum Beispiel mit Zitaten, Geschichten und Beispielen aus meinem eigenen Leben. Im vierten Schritt schreibe ich den Artikel und verlinke ihn an passenden Stellen mit älteren Artikeln. (Außerdem verlinke ich ältere Artikel an passenden Stellen mit dem neuen Artikel.) Auf diese Art und Weise wird das Wissen letztlich nicht nur in digitaler Form „im Internet" gespeichert, sondern außerdem noch in meinem eigenen Kopf. Ein positiver Nebeneffekt ist, dass mein Blog von immer mehr Menschen gelesen wird, von denen einige meine Bücher kaufen. Mittlerweile kann ich es mir leisten, hauptberuflich zu lernen.

Man lernt nicht im luftleeren Raum, sondern an seinen Aufgaben. Wer lernen möchte, sollte sich Aufgaben stellen, an denen er lernen kann. Wenn wir das nicht tun, bleibt uns nur das Anstarren von bedrucktem Papier, aber wie wir bereits festgestellt haben, funktioniert das nicht.

Nicht immer ist es jedoch sinnvoll und möglich, Inhalte an Aufgaben zu lernen. Für solche Fälle gibt es effektive Merktechniken, auf die ich im folgenden Kapitel näher eingehen möchte.

MNEMOTECHNIKEN

Effektive Techniken, mit denen man sich isoliert Daten wie zum Beispiel Telefonnummern, Pins, Passwörter oder Nachnahmen (Allgemein: Zahlen, Daten und Fakten) sehr leicht merken kann, werden irreführenderweise häufig unter dem Begriff Gedächtnistraining zusammengefasst. Besser ist der Begriff Mnemotechnik. Mit Hilfe von Mnemotechnik gelang es dem Japaner Akira Haraguchi, sich die ersten 100.000 Nachkommastellen der Zahl Pi zu merken. Daran sieht man schon, wie leistungsfähig diese Methode ist.

Es ist wichtig zu verstehen, dass die Entscheidung für ein starkes Gedächtnis nicht beim Erinnern, sondern beim Einprägen getroffen wird. Auch Gedächtnisweltmeister können ihre Autoschlüssel verlegen, wenn sie sich nicht merken, wo sie diese abgelegt haben. Mnemotechniken beruhen auf einem besonders effektiven Codieren der Inhalte, die man sich merken möchte. Schon die alten Griechen haben sich dieser Methoden bedient, zum Beispiel um sich lange Reden einzuprägen.

Mnemotechniken machen sich bestimmte Eigenschaften des Gedächtnisses zunutze. Wie schon gesagt, gibt es nicht nur ein Gedächtnis, sondern viele. Jeder Sinneskanal hat sein eigenes Gedächtnis: Das auditive Gedächtnis speichert Töne, das Bildgedächtnis speichert Bilder, das motorische Gedächtnis speichert Körperbewegungen und das Faktengedächtnis speichert Fakten. Jedes Gedächtnis hat andere Eigenschaften.

Zum Beispiel hat das Faktengedächtnis die Eigenschaft, nicht sämtliche Zahlen, Daten und Fakten zu archivieren, mit denen wir in Berührung kommen, sondern nur diejenigen, die merkwürdig sind. Würden wir uns alles merken, wäre das eher hinderlich als hilfreich. Beim visuellen Gedächtnis sieht es anders aus. Es ist ein großer Vorteil, sich in einer neuen Umgebung schnell orientieren zu können. Aus Sicht des Gedächtnisses ist es daher sinnvoll, diejenigen visuellen Eindrücke, die der Orientierung dienen, sofort abzuspeichern. Zwar kann ich die acht Icons auf dem Startbildschirm meines Smartphones nicht wiedergeben, aber wenn ich die Augen schließe, kann ich meinen Wohnort vor meinem geistigen Auge erkunden. Zwar sehe ich keine Details wie zum Beispiel die Farben der Häuser und wie die Fassaden beschaffen sind, aber ich sehe die relevanten Zusammenhänge: Wie sind die Straßen miteinander verbunden? Wo geht es bergauf und bergab? Wo sind die für mich relevanten Orte wie zum Beispiel Geschäfte. Auch in einer neuen Umgebung kann ich mir diese Zusammenhänge wesentlich besser merken, als zum Beispiel Straßennamen oder die Namen irgendwelcher Kneipen und Restaurants.

Der Trick besteht nun darin, zum Merken von Zahlen, Daten und Fakten nicht das Faktengedächtnis, sondern das Bildgedächtnis zu nutzen. Dafür müssen die Zahlen, Daten und Fakten in Gedanken in Bilder umgewandelt werden. Fast alle Menschen nutzen diese Methode hin und wieder wenn sie zufällig eine Eselsbrücke entdecken. Mnemotechniken beruhen auf der systematischen Konstruktion effektiver Eselsbrücken. Im Folgenden möchte ich fünf bekannte Mnemotechniken vorstellen.

DIE LOCI-METHODE (AUCH ROUTEN-METHODE)

Die *Loci-Methode* eignet sich zum Merken von Listen. Man benötigt eine bereits im Gedächtnis gespeicherte Route, die man immer wieder nach dem gleichen Schema durchläuft. Die Route kann mehrfach wiederverwendet werden. Geeignet ist die eigene Wohnung, der Weg zur Arbeit, Körperteile, U-Bahn-Linien und vergleichbares. Jede Route besteht aus einzelnen Routenpunkten, die als Auslöser dienen. Wenn man die eigene Wohnung als Route nutzt, sind die Ankerpunkte dauerhafte Gegenstände in der Wohnung. Beim Körper sind es Körperteile und bei der U-Bahn-Linie die einzelnen Bahnhöfe. Wenn man sich eine Liste wie zum Beispiel eine Aufgaben- oder Einkaufsliste einprägen möchte, dann verknüpft man die einzelnen Listenpunkte mit den Routenpunkten, indem man sich jeweils ein möglichst emotionales, skurriles oder lustiges mentales Bild ausdenkt. Dieses Bild wird vom Gedächtnis automatisch gespeichert. Wenn man sich später an die Listenpunkte erinnern möchte, muss man die Route nur noch der Reihe nach in Gedanken durchgehen, und das Gedächtnis spuckt die entsprechenden mentalen Bilder automatisch aus.

DER GEDÄCHTNISPALAST

Die *Gedächtnispalast-Methode* ist anspruchsvoller und mächtiger als die Loci-Methode. Vom Prinzip her funktioniert sie gleich, allerdings nutzt man für die Verknüpfung keine eindimensionale Route, sondern ein dreidimensionales Konstrukt wie zum Beispiel einen Palast oder ein anderes großes Gebäude. Der Palast kann verschiedene Stockwerke, Flügel, Zimmer und Inhalte enthalten, die mit den zu merkenden Informationen verknüpft werden. Je skurriler, umso wirkungsvoller. Zum Beispiel könnte es in dem Palast ein Stockwerk geben, in dem Schwerelosigkeit herrscht, oder ein Teil des Palastes könnte ein Baumhaus sein.

ZAHLEN MERKEN

Eine effektive Methode zum Einprägen von Zahlen, wie zum Beispiel Telefon- oder Kontonummern, beruht auf einem fest im Gedächtnis gespeicherten System von Bildern, die den Ziffern 0 bis 9 (oder 0 bis 99) zugeordnet sind. Idealerweise erinnern diese Gegenstände der Form nach an die Ziffern. Zum Beispiel:

1: Baum oder Kerze (wegen der Form)
2: Schwan (wegen der Form des Halses)
3: 3-Zack (wegen der 3 Zacken)

4: Koffer (kompakt)
5: Hand (wegen der 5 Finger)
6: Würfel (wegen der 6 Seiten)
7: Wimpel (wegen der Form)
8: Sanduhr (wegen der Form)
9: Kegel (weil es beim Kegeln 9 Kegel gibt)
10: Golfschläger + Golfball

Wenn man sich eine lange Zahl merken möchte, verknüpft man die einzelnen Ziffern mit den entsprechenden Bildern und bringt diese durch eine einprägsame Geschichte in die richtige Reihenfolge.

Um sich riesig große Zahlen zu merken, wie zum Beispiel die ersten 100.000 Stellen der Zahl Pi, könnte man viele dieser einzelnen Geschichten der Reihe nach in einem Gedächtnispalast unterbringen.

NAMEN MERKEN

Auch die Namen von Personen merkt man sich am besten über Bilder. Beim Übersetzen eines Namens wie „Müller" ist das relativ einfach: Man stellt sich Herrn Müller in weißem Kittel in einer Mühle vor. Bei einem Namen wie „Csíkszentmihályi" (der Name des Psychologen der den Flowzustand erforscht hat) ist etwas mehr Fantasie gefragt.

VOKABELN MERKEN

Vokabeln merkt man sich am besten genauso wie Namen. Sobald man ein gutes Bild gefunden hat, merkt sich die Vokabel fast wie von selbst. Ich erinnere mich heute noch an einige solcher Bilder, die ich mir vor über zwanzig Jahren für einzelne Vokabeln ausgedacht hatte. Wer es sich zur Gewohnheit macht, Vokabeln in möglichst skurrile Bilder zu übersetzen, wird im Finden dieser Bilder mit der Zeit immer besser.

SELBSTMOTIVATION

Aufschieberitis bezeichnet die schlechte Angewohnheit, wichtige Dinge auf die lange Bank zu schieben, anstatt sie sofort zu erledigen. Die Angewohnheit, unwichtigen oder gar unnötigen Aufgaben die Priorität vor den wichtigen Aufgaben zu geben, wird als *Prokrastination* bezeichnet. Beides ist menschlich und wird sich wohl niemals komplett vermeiden lassen. Bis zu einem gewissen Grad lassen sich Aufschieberitis und Prokrastination jedoch eindämmen. Dazu ist es wichtig, die verschiedenen Ursachen von Aufschieberitis und Prokrastination zu verstehen.

Wer aufschiebt und prokrastiniert, ist in den meisten Fällen entweder unmotiviert oder hat nicht die erforderliche Menge an mentaler Energie in Form von Blutzucker zur Verfügung. Die Ursache des Problems könnten auch verführerische Ablenkungen sein. In schweren Fällen von Aufschieberitis und Prokrastination kann davon ausgegangen werden, dass mehrere Ursachen gleichzeitig im Spiel sind.

Es ist wichtig zu verstehen, dass man nicht nicht üben kann. Was wir wiederholt im gleichen Kontext tun, wird zu einer immer stärkeren Gewohnheit. Wer nichts gegen chronisches Aufschieben und Prokrastinieren unternimmt, macht das Problem daher noch schlimmer. Zeitverschwendung ist nur das offensichtlichste Problem. Eine weitere negative Folge kann das komplette Verschwinden der Motivation sein. Außerdem leidet das Selbstvertrauen unter Aufschieberitis und Prokrastination.

Schauen wir uns zunächst die häufigsten Ursachen des Problems an.

URSACHE #1: KEINE KLARHEIT ÜBER DIE ZIELE

Eine weit verbreitete Ursache von Aufschieberitis und Prokrastination ist Unklarheit über die zu erledigende Aufgabe. Wenn man sich die To-Do-Listen von Menschen anschaut, findet man dort häufig unkonkrete Einträge wie diese: Geburtstagsgeschenk für Mama organisieren, Lernen, Garten machen. Diese Aufgaben können nicht leicht angegangen werden, weil nicht klar ist, was konkret zu tun ist. Aufgaben sollten so konkret wie möglich formuliert sein.

Um handeln zu können, brauchen wir einen Handlungsimpuls. Dieser muss vom Unterbewusstsein erzeugt werden. Wir können nicht handeln, wenn uns der entsprechende Handlungsimpuls fehlt. Was man wissen muss ist, dass das Unterbewusstsein nicht abstrakt denkt, sondern in Bildern. Handlungsimpulse können daher nur für Handlungen erzeugt werden, die bildhaft vorstellbar sind. Ein Geburtstagsgeschenk ist nicht wirklich vorstellbar. Ich denke sofort an ein in Geschenkpapier verpackte Kiste mit einer roten Schleife. Was aber ist in der Kiste? Was muss ich kaufen? In Welchem Geschäft? Eine bessere Formulierung wäre: Blumen für Mama kaufen, Vokabeln auf Seite 184 lernen, Hecke schneiden usw.

URSACHE #2: NUR FREMDE ZIELE ABER KEINE EIGENEN

Bei Zielen, die nicht unsere persönlichen Ziele sind, kommt es häufig zu Aufschieberitis und Prokrastination, denn das Unterbewusstsein mag keine Befehle ausführen – insbesondere dann nicht, wenn die diktierten Ziele mit den eigenen Zielen in Konflikt stehen. Dieses Phänomen tritt häufig in der Schulzeit und im Studium auf. Hausaufgaben sind Ziele, die von außen vorgegeben werden. Fast immer würde der Schüler oder Student lieber etwas anderes mit seiner Zeit anfangen. Rein rational mag er vielleicht einsehen, dass es sinnvoll wäre, die ihm aufgetragenen Aufgaben zu erledigen, aber das Unterbewusstsein, hat eine andere Agenda. Der Handlungsimpuls bleibt also aus und die Folge ist Aufschieberitis.

URSACHE #3: EIN MANGEL AN MENTALER ENERGIE

Um geistig anspruchsvolle Aufgaben erledigen zu können, brauchen wir große Mengen mentaler Energie in Form von Blutzucker. Unser Blutzuckerspiegel schwankt im Verlauf des Tages und hängt außerdem noch davon ab, was man bereits getan hat. Wer eine geistig anspruchsvolle Aufgabe für eine Phase niedrigen Blutzuckerspiegels plant, wird diese Aufgabe einfach nicht erledigen können. In diesem Fall sind Prokrastination und Aufschieberitis vorprogrammiert.

URSACHE #4: ZIELKONFLIKTE

Auch ohne sich dessen voll und ganz bewusst zu sein, verfolgt jeder Mensch mehrere Ziele gleichzeitig. Diese Ziele können untereinander in Konflikt geraten. Wenn eine Aufgabe mit einem anderen Ziel in Konflikt steht, dann wird das Gehirn keinen Handlungsimpuls für die Aufgabe erzeugen können, denn dadurch würde es sich selbst sabotieren. Zielkonflikte können insbesondere dann entstehen, wenn wir blind Ziele von anderen Menschen übernehmen.

Wenn unser Körper ausruhen möchte, wir uns aber das Ziel gesetzt haben, Sport zu treiben, dann gibt es einen Konflikt. In dieser Situation werden wir häufig weder das eine, noch das andere tun, sondern prokrastinieren. Anstatt zu schlafen oder zum Sport zu gehen, werden wir beispielsweise vor dem Fernseher sitzen und uns Sendungen ansehen, die uns eigentlich gar nicht interessieren.

URSACHE #5: EIN MANGEL AN MOTIVATION

Eine verbreitete Ursache von Aufschieberitis und Prokrastination ist ein Mangel an Motivation für die zu erledigende Aufgabe. Wie schon gesagt, sind wir darauf angewiesen, dass unser Unterbewusstsein Handlungsimpulse erzeugt. Die Quelle dieser Handlungsimpulse ist die Motivation, das Ziel, zu dem die entsprechende Aufgabe führt, zu erreichen. Bestimmte Lebensziele sind komplex und bestehen aus mehreren Etappen. Diese Etappen wiederum bestehen aus einzelnen Aufgaben. Um unser Lebensziel zu erreichen, müssen wir diese kleinen Aufgaben erledigen. Zu Prokrastination und Aufschieberitis kann es insbesondere dann kommen, wenn das Unterbewusstsein den Zusammenhang zwischen den Lebenszielen und den kleinen Aufgaben nicht versteht.

Es folgen einige wirksame Maßnahmen gegen Aufschieberitis und Prokrastination.

MASSNAHME #1: DIE PARADOXE INTERVENTION

Eine interessante Vorgehensweise, die insbesondere bei einem Motivationsmangel greift, ist die paradoxe Intervention. Die paradoxe Intervention beruht auf der Tatsache, dass ein Mensch insbesondere solche Dinge tun möchte, die er in diesem Moment nicht tun kann oder darf. Bei der paradoxen Intervention verbietet man sich ausdrücklich, eine bestimmte Sache zu tun. Wer zum Beispiel eine Hausarbeit schreiben muss, verbietet sich, an dieser Hausarbeit zu arbeiten. Dieses Vorgehen kann bewirken, dass das Unterbewusstsein mehr Motivation für die Hausarbeit entwickelt. Außerdem wird verhindert, das Aufschieberitis und Prokrastination geübt werden. Die paradoxe Intervention sollte nur dann angewendet werden, wenn alle anderen Methoden nicht geholfen haben.

MASSNAHME #2: NUR 5 MINUTEN

Diese Maßnahme gegen Aufschieberitis und Prokrastination basiert auf der Tatsache, dass es häufig der große Umfang einer Aufgabe ist, der uns davon abhält, die Aufgabe anzugehen. Anstatt sich die gesamte Ausgabe vorzunehmen, also beispielsweise das komplette Kapitel zu lernen, nimmt man sich vor, nur fünf Minuten an der Aufgabe zu arbeiten. Das Ergebnis wird häufig sein, dass es nicht bei den fünf Minuten bleibt. Falls dem aber so ist, und man nach fünf Minuten keine Lust mehr hat, dann sollte man sich nicht weiter unter Druck setzen und die Aufgabe eine Weile lang ruhen lassen.

MASSNAHME #3: AUSLÖSER AUS DEM WEG RÄUMEN

Eine der verbreitetsten Ursachen von Aufschieberitis und Prokrastination sind Ablenkungen. Ablenkungen lenken uns vor allem dann ab, wenn sie beziehungsweise ihre Auslöser verfügbar sind. Es ist schwierig, sich nur mit Hilfe von Willenskraft gegen diese Ablenkungen zu verteidigen. Außerdem wird dabei mentale Energie in Form von Blutzucker verbraucht, die dann nicht mehr für das zielgerichtete Denken zur Verfügung steht. Daher empfiehlt es sich, die Auslöser möglicher Ablenkungen aus der Lernumgebung zu entfernen beziehungsweise sich an einen Ort zu begeben, der frei von Auslösern ist.

Weitere wirksame Maßnahmen zur Selbstmotivation gibt es auf meiner Webseite unter: https://www.HabitGym.de/selbstmotivation/

DER LERNPLAN

Ein Lernplan hat viele Vorteile und keinen einzigen Nachteil. Manche Menschen halten das Erstellen eines Lernplans für Zeitverschwendung, aber dieses Vorurteil basiert auf der falschen Vorstellung, dass man beim Erstellen des Lernplans nicht bereits lernt. Tatsächlich könnte das Erstellen eines Lernplans gut als Lernmethode durchgehen. Einen Lernplan zu erstellen, würde also auch dann sinnvoll sein, wenn man den Lernplan nach seiner Fertigstellung einfach wegwirft. Warum? Weil man bereits beim Erstellen des Lernplans lernt. Beim Erstellen des Lernplans beschäftigt man sich bereits oberflächlich mit dem Thema, was gut ist, denn dabei wird ein Rahmen geschaffen, in den das Gelernte anschließend eingehängt werden kann. Außerdem werden diejenigen Gedächtnisinhalte, die bereits vorhanden sind, aktiviert und stehen als Anknüpfungspunkte zur Verfügung.

Darüber hinaus regelt ein Lernplan was gelernt werden muss, wie es gelernt werden muss und wann es gelernt werden muss. Ein guter Lernplan regelt auch das Drumherum, also die Schlafenszeiten, den Stressabbau, die Pausen und die Mahlzeiten.

Schritt 1: Verschaffe dir einen Überblick über das Thema. Gehe den Stoff einmal im Schnelldurchgang durch, ohne dich lange aufzuhalten oder irgendetwas aufzuschreiben. Welche großen Themenblöcke gibt es?

Schritt 2: Zerlege den Stoff in leicht lernbare Häppchen. In kleinen Häppchen zu lernen, die sich später am Abend abhaken lassen, ist auf Dauer deutlich motivierender, als große Themenblöcke am Stück zu lernen, bei denen man tagelang keinen Fortschritt sieht. Häppchen, die sich in ein paar Minuten bis wenigen Stunden lernen lassen, sind ideal.

Schritt 3: Lege fest, wie du die Häppchen verarbeiten wirst. Einzelne Inhalte lassen sich auf verschiedene Art und Weise lernen. Welche Methode am besten ist, hängt vom Stoff und von deinen Möglichkeiten ab. Passives Lesen ist immer die schlechteste Wahl. Sich aktiv mit dem Stoff zu befassen, ist viel effektiver. Ich zum Beispiel lerne sehr viel beim Schreiben meiner Artikel. Ich muss mir überlegen, wie ich den Stoff am besten präsentiere, und durch das mehrmalige Überarbeiten des Textes wiederhole ich den Stoff automatisch.

Schritt 4: Priorisiere die Häppchen: Das Problem mit Plänen ist, dass man fast immer weniger schafft als man sich vorgenommen hat. Dieses Phänomen hat sogar einen Namen: Planungsfehlschluss. Gerade wenn man im Erstellen und im Umgang mit Plänen noch nicht so geübt ist, wird es am Ende fast zwangsläufig so sein, dass die Zeit abgelaufen ist, bevor der Plan komplett abgearbeitet ist. Es macht daher Sinn, die Reihenfolge der Aufgaben so festzulegen, dass die wichtigsten Aufgaben auf jeden Fall abgearbeitet sind: das Wichtigste zuerst!

Schritt 5: Lege fest, wann du was lernen wirst. Lege außerdem fest wann du Pausen machen willst und was du in den Pausen tun willst.

FOKUS & KONZENTRATION

Effektives Lernen erfordert Fokus und Konzentration. Es handelt sich um den wichtigsten Erfolgsfaktor überhaupt. Ihre Fähigkeit, sich zu fokussieren und zu konzentrieren, sagt den künftigen Erfolg von Menschen besser voraus als ihr IQ.

Ausführliche Artikel zum Thema Fokus & Konzentration (mit konkreten Praxistipps) gibt es hier:
https://www.HabitGym.de/category/konzentration/

WAS IST LERNBAR?

„Es ist ein Jammer, dass die Dummköpfe so selbstsicher sind und die Klugen so voller Zweifel.“

Bertrand Russell

WAHRHEIT UND WIRKLICHKEIT: DAS INDUKTIONSPROBLEM

Vielleicht existiert da draußen wirklich eine Welt, aber das, was wir im Kopf haben, ist nur ein lückenhaftes und möglicherweise stark verfälschtes Modell der Welt. Die sogenannte Wahrheit ist uns nicht zugänglich. Alles was wir haben, ist unsere Wirklichkeit.

DAS INDUKTIONSPROBLEM

Von Einzelfällen auf eine allgemeine Regel zu schließen, bezeichnet man als *Induktion*. Den umgekehrten Prozess nennt man *Deduktion*. Das Gehirn wendet beide Methoden an: Aus der wiederholten Beobachtung einzelner Ereignisse leitet es allgemeine Regeln ab, um zukünftige Ereignisse vorhersagen zu können, und auf Basis dieser Vorhersagen werden letztlich unsere Handlungen geplant und ausgeführt.

Ein Truthahn, der an jedem einzelnen Tag seines bisherigen Lebens gefüttert worden ist, wird glauben, dass er auch morgen gefüttert werden wird. Tatsächlich kann er sich dessen heute sogar noch sicherer sein als jemals zuvor, denn der ununterbrochene Trend der täglichen Fütterung wird jeden Tag länger. Der Truthahn weiß nicht, dass er von Anfang an nur aus einem ganz bestimmten Grund gefüttert wurde: Damit er morgen geschlachtet und verspeist werden kann, denn morgen ist Thanksgiving.

Die Truthahn-Illusion verdeutlicht das so genannte Induktionsproblem, das erstmals im 18. Jahrhundert von David Hume, einem schottischen Philosophen und Ökonomen angesprochen wurde. Mit Hilfe von logischem Schlussfolgern konnte Hume zeigen, dass man sich der Regeln, die man sich auf der Basis der Beobachtung einzelner Ereignisse zusammengereimt hat, niemals absolut sicher sein kann. Und da wir fast unser gesamtes Wissen auf diese Weise gewonnen haben, steht unser Weltbild auf sehr viel wackeligeren Beinen als wir glauben.

Schon einige Jahre vor Hume war der französische Philosoph und Mathematiker René Descartes zu einem ähnlichen Ergebnis gekommen: Mit Ausnahme der Mathematik, so seine Überlegung, sei alles unsicher. Das von Descartes als stabil geglaubte Kartenhaus der Mathematik wurde in der ersten Hälfte des 20. Jahrhunderts schließlich auch noch (zumindest teilweise) ins Wanken gebracht, als der österreichischer Mathematiker Kurt Gödel zeigen konnte, dass man selbst der Mathematik nicht zu einhundert Prozent trauen kann.

Nur weil ich bisher ausschließlich weiße und keine andersfarbigen Schwäne gesehen habe, kann ich nicht mit absoluter Sicherheit sagen, dass alle Schwäne weiß sind. Tatsächlich gibt es in Australien den so genannten Schwarzschwan, eine Schwanenart mit schwarzem Gefieder.

Gibt es also gar keine absolute Sicherheit? "Doch!" sagte der österreichische Philosoph Karl Popper, als er die Idee ins Spiel brachte, dass wir durch Falsifikation (Widerlegung) todsichere allgemeine Aussagen gewinnen können. Sobald ich einmal einen Schwan gesehen habe, der nicht weiß ist, kann ich mit absoluter Sicherheit sagen, dass nicht alle Schwäne weiß sind – zumindest nicht in diesem Moment. Diese Art der Erkenntnisgewinnung wirkt auf den ersten Blick zwar unbefriedigend, aber sie ist besser als gar keine absolute Sicherheit.

Interessanterweise neigen wir Menschen im Alltag dazu, der Erkenntnisgewinnung durch Falsifikation weiträumig aus dem Weg zu gehen. Was auf den ersten Blick vielleicht dumm erscheinen mag, ist möglicherweise gar nicht so dumm, denn allgemeine Regeln, derer man sich zwar nur einigermaßen sicher sein kann, die aber breitflächig erfolgreich angewendet werden können, sind nützlicher als absolut sichere Regeln, die man nur punktuell zur Anwendung bringen kann. Das Gehirn ist ein praktisches Organ und kein rechthaberisches.

Wer zu viel weiß, läuft Gefahr, den Wald vor lauter Bäumen nicht mehr zu sehen. Vielleicht ist das der Grund, warum wir keine Besserwisser mögen, die permanent mit irgendwelchem Spezialwissen in Form von Ausnahmen und Besonderheiten, die keinerlei praktische Relevanz haben, prahlen müssen?

Wenn unser Truthahn gewusst hätte, warum er gefüttert wird, dann hätte er sein Schicksal möglicherweise erkennen und verhindern können. Dafür hätte er allerdings einen Perspektivwechsel vornehmen müssen, denn aus seiner Perspektive betrachtet war seine Schlussfolgerung die einzig richtige. Hätte er sich nur mit seinen Truthahn-Kollegen ausgetauscht, dann wäre er auch nur darin bestärkt worden, dass es morgen wieder Futter geben wird.

Um überhaupt auf die Idee zu kommen, die Perspektive zu wechseln und sich auf die aus dem Perspektivwechsel gewonnenen Erkenntnisse einzulassen, hätte der Truthahn wissen müssen, dass zumindest die Möglichkeit besteht, dass er mit seiner als wahr geglaubten Regel falsch liegen könnte. Genau aus diesem Grund ist es sinnvoll, das Induktionsproblem zu kennen. Es geht nicht darum, alles zu hinterfragen, sondern darum, Aussagen anderer, die den eigenen Regeln widersprechen, zum Anlass zu nehmen, diese Regeln einmal genauer unter die Lupe zu nehmen. Natürlich braucht man sich nicht von jedem Menschen aus der Ruhe bringen lassen. Als Maßstab kann die Tatsache dienen, dass derjenige ein glaubwürdigerer Experte ist, der sich viele Stunden lang intensiv mit dem entsprechenden Thema befasst hat.

Und was sollte man tun, wenn sich die Experten widersprechen? Dazu ein einfaches Beispiel aus dem echten Leben: Jemand, der sich zum ersten Mal in seinem Leben vornimmt, künftig mehr auf seine Gesundheit zu achten, hat in den letzten Wochen einige Zeitungsartikel zum Thema

Ernährung gelesen, aus denen für ihn hervorging, dass das Geheimnis einer lebenslangen Gesundheit darin besteht, über den Tag verteilt möglichst viele Portionen „Frisches“ zu essen. Da er kein Gemüse mag, beschließt er, mehrmals täglich Fruchtsaft zu trinken. Ein Freund, der sich schon etwas länger mit Gesundheitsthemen befasst, beobachtet dieses Verhalten und schreitet ein: “Das ist nicht gesund!” Unser Protagonist ist verwirrt. Auf der einen Seite steht die Regel der Experten aus der Zeitung, dass man sehr viel „Frisches“ zu sich nehmen sollte, und auf der anderen Seite steht die Warnung des Freundes, dass es ungesund sei, so viel Saft zu trinken. Was denn nun?

In dieser Situation würden sich viele Menschen die Frage stellen, wer von den beiden sich widersprechenden Experten der glaubwürdigere (oder sympathischere) ist, um dann dessen Standpunkt zu übernehmen. Man könnte sich aber auch die Frage stellen, ob der Fehler vielleicht bei einem selbst liegen könnte? (So würden die wenigsten Menschen vorgehen.) Um es kurz zu machen: Der Fehler liegt bei unserem Protagonisten, denn beide Experten haben recht. Es ist gesund, möglichst oft Frisches zu essen, und gleichzeitig ist es ungesund, große Mengen Fruchtsäfte zu trinken. Der Fehler bestand darin, mit dem ungenauen Konzept „Frisches“ zu arbeiten und Fruchtsäfte mit Gemüse gleichzusetzen. Es ist ein Fehler, den viele Menschen begehen, und ich glaube, dass er vor allem deswegen begangen wird, weil die Menschen glauben, dass es um die Vitamine ginge, die ja sowohl in Obst, als auch in Gemüse enthalten sind. Tatsächlich ist Gesundheit etwas komplizierter.

Wenn es (scheinbare) Widersprüche zwischen den Aussagen verschiedener Experten gibt, dann liegt das in den allermeisten Fällen nicht daran, dass einer der Experten komplett auf dem Holzweg wäre, sondern daran, dass man selbst noch nicht gelernt hat, zu differenzieren. Man hat eine Regel erfunden, die falsch beziehungsweise nicht hinreichend genau ist, und die nun widerlegt wurde. Da sich sichere Erkenntnisse nur durch Falsifikation gewinnen lassen, ist die Entdeckung einer falschen Regel aus erkenntnistheoretischer Sicht eine gute Sache, die einen voranbringt. Unsere Psyche bewertet die Situation leider anders, nämlich als Verlust.

Das Gefühl des Verlustes bleibt jedoch nur dann bestehen, wenn man die Chance, den Verlust in einen Gewinn zu verwandeln, nicht nutzt.

Es gibt drei Möglichkeiten. Erstens: Ignorieren, dass die Regel falsch sein könnte, und sie beibehalten, um den Verlust zu vermeiden („Der Experte aus der Zeitung wird schon recht haben – ich trinke weiterhin meinen Saft"). Zweitens: Die alte Regel ersatzlos streichen. („Jeder erzählt etwas anderes; wahrscheinlich spielt es gar keine Rolle, was man isst. Dann esse ich eben wieder Fast Food und Süßigkeiten.") Drittens: Die alte Regel verwerfen und an deren Stelle neue und bessere Regeln setzen. („Man muss also zwischen Fruchtsaft und Gemüse unterscheiden. Das ist ja interessant! Was genau steckt dahinter?") Nur wer den dritten Weg geht, kann Falsifikation als das empfinden was es ist: eine Erweiterung des Wissens und damit etwas Positives und Wünschenswertes!

Die Philosophie kennt diesen Prozess als den so genannten dialektischen Dreischritt aus These, Antithese und Synthese. Am Anfang steht die These ("Fruchtsaft ist gesund"). Die Negation der These ergibt die Antithese ("Fruchtsaft ist nicht gesund"). Aus These und Antithese wird die Synthese gebildet und diese treibt den Erkenntnisprozess auf eine höhere Ebene ("Fruchtsaft hat etwas gesundes und etwas ungesundes"). Auf dieser höheren Stufe wird die Synthese wieder zu einer These und kann den Prozess erneut durchlaufen, und so weiter. Um zu brauchbaren Erkenntnissen zu gelangen, muss man oft mehrere dieser Stufen hintereinander nehmen, was in der Praxis einige Zeit in Anspruch nehmen kann. In den seltensten Fällen nimmt man alle Stufen an einem einzigen Tag.

Wer die Falsifikation der eigenen Regeln zu schätzen gelernt hat, kann dazu übergehen, aktiv nach Falsifikation beziehungsweise nach Antithesen zu suchen, anstatt diese bloß passiv auf sich zukommen zu lassen. Der US-amerikanische Star-Investor Warren Buffett empfiehlt, sich nur dann eine Meinung zu einem bestimmten kontroversen Thema zu erlauben, wenn man die Argumente der Gegenseite besser verstanden hat, als die Anhänger der Gegenseite selbst. Hier geht es nicht so sehr darum, die eigene Meinung abzusichern, sondern darum, sich abzugewöhnen, überhaupt mit Meinungen zu operieren. Entscheidungen sollten auf der Basis von Wissen getroffen werden und nicht auf der Basis von Meinungen.

Insbesondere in öffentlichen Debatten kann man beobachten, dass die gegnerischen Parteien blind aneinander vorbeireden, weil sich niemand intensiv mit den Argumenten der Gegenseite befasst. Mit Ausnahme der Fernsehsender, die solche Debatten übertragen, kann es hier gar keine Gewinner geben, denn aus mehreren Gründen ist niemand bereit, sich mit der Gegenseite auf eine Synthese zu einigen. Zum einen würde dies von den Zuschauern als Kapitulation aufgefasst werden, und zum anderen vertreten die Debattanten meist eine Interessengemeinschaft, die sie nicht enttäuschen wollen. Der Klügere gibt nach, hat man uns im Kindergarten erklärt, aber im Fernsehen funktioniert diese Taktik nicht. Der Klügere muss sich dumm stellen, um nicht für noch dümmer gehalten zu werden oder seine Interessengemeinschaft zu enttäuschen.

Falls es in Debatten zu kontroversen Themen darum ginge, gemeinsam schlauer zu werden, also eine Synthese zu schaffen, dann würde der Fehler darin bestehen, vor einem großen Publikum zu debattieren. Zu einer Synthese kann es ja nur kommen, wenn beide Seiten einräumen, dass es eine bessere als ihre eigene Sicht der Dinge überhaupt geben kann. Jemand müsste den ersten Schritt machen und einen Irrtum zugeben. Einen Irrtum einzuräumen, ist in öffentlichen Debatten aber ausgeschlossen, denn ein Irrtum ist etwas Intimes. In dem Moment, in dem man einen Irrtum zulässt, ist man in etwa so verletzlich, als wenn man plötzlich nackt wäre. Aus ähnlichen Gründen, aus denen sich kaum jemand spontan öffentlich entblößen möchte, will auch niemand öffentlich einen Irrtum eingestehen, vor allem nicht, wenn man zuvor vehement seine Meinung vertreten hat. Wenn aber die Möglichkeit eines Irrtums ausgeschlossen ist, weil die Debatte öffentlich stattfindet, dann ist jede öffentliche Debatte nur eine Show, bei der der Zuschauer – mit Ausnahme von Rhetorik – rein gar nichts lernen kann. Genau wie im Fernsehen, bilden sich schließlich auch im Publikum zwei radikale Lager (die Anhänger der These und die Anhänger der Antithese), obwohl es irgendwo in der Mitte einen noch besseren Standpunkt, nämlich die Synthese gäbe, die aber niemand sieht, weil sie nicht zur Sprache kam.

Viele Menschen schauen sich öffentliche Debatten zu kontroversen Themen an, um sich eine (radikale) Meinung zu bilden. Die Frage ist, welchen Nutzen eine Meinung hat, die auf den im Rahmen einer inszenierten Show getroffenen Aussagen beruht, wobei die wahrscheinlich beste Sichtweise gar nicht zur Sprache kam?

Was ist überhaupt eine Meinung, und wozu ist es gut, eine Meinung zu haben? Aus erkenntnistheoretischer Sicht ist eine Meinung ein Fürwahrhalten, dem eine Begründung fehlt. Eine Meinung hängt einigermaßen frei in der Luft. Erst wenn eine Meinung hinreichend objektiv mit Argumenten begründet werden kann, wird sie zu Wissen. Vieles von dem, was wir für Wissen halten, ist nur eine Meinung.

Vielen Menschen, die sich eine Meinung bilden wollen, geht es gar nicht darum, sich eine eigene Meinung zu bilden, sondern darum, sich davor zu schützen, aus Versehen eine politisch unkorrekte Meinung zu äußern. Sie wollen herauszufinden, welche Meinung sie in ihrem Umfeld gefahrlos äußern können, und welche Meinung sie lieber für sich behalten sollten.

Ein weiterer Grund, warum Menschen öffentliche Debatten verfolgen, ist der, dass sie sich davor schützen wollen, in die Verlegenheit zu kommen, in einer sozialen Situation komplett ahnungslos dazustehen. Es ist wie damals in der Schule: Man wird weniger hart bestraft, beziehungsweise man hofft weniger hart bestraft zu werden, wenn man seine Hausaufgaben falsch gemacht hat, als wenn man sie gar nicht gemacht hat.

Tatsächlich ist es jedoch immer besser, gar nichts zu lernen, als etwas falsch oder Falsches zu lernen, denn was man nicht gelernt hat, kann man später immer noch leicht nachholen, wohingegen es um ein Vielfaches schwieriger ist, etwas, das falsch gelernt wurde, zu korrigieren. (Und dafür müsste man den Fehler erst einmal finden!) Etwas falsch Gelerntes kann eine Kettenreaktion von Fehlern auslösen, denn unser (Vor-)Wissen dient uns immer auch als eine Art Brille, durch die wir die Welt sehen, und die bestimmt, wie wir künftige Ereignisse lernen und einordnen.

Viele Menschen, die sich im Fernsehen oder Internet regelmäßig manipulativen Blödsinn anschauen, gehen unbewusst davon aus oder behaupten gar, dass sie sich davon in keinster Weise beeinflussen lassen. Das ist nichts als Selbstbetrug, denn Ignorieren ist hier gar nicht möglich. Man kann nicht verhindern, dass das Gehirn die über die Sinne aufgenommenen Reize unbewusst verarbeitet, denn die Reizverarbeitung findet automatisch statt und zwar bei jedem Menschen und immer!

DAS LEHRBUCH ÄNDERT SICH: PARADIGMEN

Wie fühlt es sich eigentlich an, sich auf einem bestimmten Fachgebiet, sei es nun das eigene berufliche Fachgebiet oder irgendein Gesundheitsthema, über einen längeren Zeitraum, weiterzuentwickeln? Gleicht die Entwicklung einer schnurgeraden Autobahn, die von Anfang an voll einsehbar ist, oder ist der Weg zum Ziel kurvenreich wie eine Küstenstraße? Weder noch! Es gibt gar keine zusammenhängende Linie. Während man sich auf einem Gebiet persönlich weiterentwickelt, entwickeln sich das Gebiet selbst auch weiter, und wie genau das vonstattengeht, ist höchst interessant.

In seinem Anfang der 1960er Jahre erschienen Buch *Die Struktur wissenschaftlicher Revolutionen* erklärt der US-amerikanische Physiker und Wissenschaftsphilosoph Thomas S. Kuhn, dass wissenschaftlicher Fortschritt nicht graduell sondern in Sprüngen abläuft. Es gibt geradlinige Phasen, die Kuhn als Normalwissenschaft bezeichnet, und es gibt Sprünge, die wissenschaftlichen Revolutionen, bei denen sich das kollektive Weltbild der Wissenschaftler sprunghaft ändert. Vielleicht kennt der eine oder andere diese berühmte Zeichnung, bei der man auf den ersten Blick eine alte Frau sieht und plötzlich sieht man statt der alten Frau eine junge Frau (oder umgekehrt)? Man bezeichnet das als einen Gestaltwechsel und dieser ist mit dem so genannten Paradigmenwechsel vergleichbar – so nannte Kuhn den Sprung von einem alten Weltbild zu einem neuen Weltbild.

Ein anschauliches historisches Beispiel für einen Paradigmenwechsel ist der Übergang vom allgemein anerkannten geozentrischen Weltbild, bei dem sich Sonne, Mond und Sterne im Kopf der Menschen um die Erde drehten, zum heliozentrischen Weltbild, bei dem die Sonne in den Mittelpunkt des Geschehens sprang. Auch in dem Moment, als man Anfang des 19. Jahrhunderts zum ersten Mal kleine Teilchen auf einen so genannten Doppelspalt schoss und ein und dasselbe Teilchen durch beide Spalte gleichzeitig zu fliegen schien, wurde ein Paradigmenwechsel losgetreten. (Man stelle sich vor, man schießt einmal mit einem Fußball in Richtung einer Hauswand, die zwei Fenster hat, die zwei Meter auseinander liegen, und beide Fenster gehen gleichzeitig kaputt. Das wäre höchst seltsam, aber bei den kleinen Teilchen schien genau das zu passieren.) Was, wenn das Teilchen gar kein Teilchen ist?

Wir hatten ja schon gesehen, dass wir uns wegen des Induktionsproblems keiner unserer Regeln wirklich sicher sein können. Die historischen Paradigmenwechsel in der Wissenschaft, von denen es noch viele weitere gibt, zeugen davon, dass das Induktionsproblem nicht nur im Kleinen, sondern auch im Großen reale Auswirkungen hat. Millionen Menschen sahen Sonne, Mond und Sterne um die Erde kreisen. Sie alle irrten sich.

Nach einem Paradigmenwechsel fällt es schwer, sich das alte Weltbild wieder ins Bewusstsein zu rufen, und man fragt sich, wie man das früher geschafft hat. Wie konnte ich diesen offensichtlichen Blödsinn glauben? Ein gerade aktuelles Paradigma ist eben nicht nur ein Weltbild, sondern zugleich auch ein Wahrnehmungsfilter, durch den man die Welt sieht. Nach einem Paradigmenwechsel scheint sich die Welt verändert zu haben, auch wenn sich dieser natürlich nur im Kopf ereignet hat.

Ganz so einfach, wie ich das mit dem Sprung bisher dargestellt habe, ist es in Wahrheit natürlich nicht, denn die wissenschaftliche Gemeinschaft unterliegt einer gewissen Trägheit. Nur weil einmal ein Teilchen durch zwei Spalten gleichzeitig geflogen zu sein schien, werden nicht sofort alle Lehrbücher neu geschrieben. Die Verletzung eines Paradigmas wird – wenn der Vorfall nicht einfach ignoriert werden kann – zunächst als eine Anomalie betrachtet. Ein Paradigmenwechsel kann nur stattfinden, wenn sich die Mehrheit einem neuen Paradigma anschließt. Ein solches mehrheitsfähiges Paradigma muss natürlich erst gefunden werden, und bis es soweit ist, steckt die Wissenschaft in einer Krise.

Paradigmen gibt es nicht nur in der wissenschaftlichen Gemeinschaft, sondern auch in den Köpfen einzelner Menschen. Unsere ganz persönlichen und kulturellen Paradigmen können uns bewusst oder unbewusst sein. Einige Menschen sind zum Beispiel immer noch der Ansicht, dass man nichts mehr zu lernen braucht, nachdem man die Schule beendet hat. In der Schule – so das Weltbild dieser Leute – wird das Wissen in die Köpfe der Schüler eingefüllt, um anschließend vierzig oder fünfzig Jahre lang angewendet zu werden. Hinter dieser Vorstellung verbirgt sich das Paradigma eines Festplatten-artigen Gedächtnisses, das, einmal beschrieben, unverändert bleibt. Was diese Menschen nicht zu wissen scheinen, ist, dass sie sich mit einem der mächtigsten Naturgesetze im Universum anlegen: dem allgemeinen Streben nach Unordnung, auch bekannt als Entropie. Alle Strukturen können zerfallen. Und alles was zerfallen kann, zerfällt auch. Wenn man Strukturen erhalten möchte, muss man sie – wie die Farbe an einer Hauswand – regelmäßig renovieren.

Was diese Menschen ebenfalls nicht wahrhaben wollen, ist, dass sich die Erde unter ihren Füßen immer weiter dreht. Die Entwicklung stoppt nicht einfach, nur weil man sie ignoriert. Ein bekanntes Sprichwort lautet: "Wer nicht mit der Zeit geht, wird mit der Zeit gehen!" Dinge, die vor Jahrzehnten als richtig galten, können heute erwiesenermaßen falsch sein.

Ein bekanntes Beispiel ist das Cholesterin, ein Stoff, der insbesondere in Eiern, Fleisch und Milchprodukten enthalten ist, und der – wenn er in zu hoher Konzentration im Blut schwimmt – zu einer Verstopfung von Gefäßen und damit zu gesundheitlichen Komplikationen führen kann, die man lieber nicht erleben möchte. Früher ging man davon aus, dass es nur eine Sorte von Cholesterin gibt, und dass sämtliches Cholesterin, das sich im Blut eines Menschen befindet, zuvor über die Nahrung aufgenommen wurde. Die allgemeine Empfehlung lautete daher, dass es ungesund sei, Eier zu essen. Heute weiß man, dass das so nicht stimmt, denn erstens muss man zwei Sorten von Cholesterin unterscheiden, und zweitens stammt das in der Blutbahn vorkommende Cholesterin zu einem überwiegenden Teil gar nicht aus der Nahrung, sondern es wird vom Körper selbst hergestellt. Eier zu essen gilt daher nicht mehr als ungesund, sondern als ausgesprochen gesund.

Wenn man nicht weiß, was vor sich geht, kann einen dieses ständige Hin und Her der Wissenschaftler schier wahnsinnig machen, und nicht wenige Menschen klinken sich einfach aus, weil sie das Gefühl haben, für dumm verkauft zu werden. Wenn man aber aus der Vogelperspektive auf den Wissenschaftsbetrieb schaut, wird man feststellen, dass ein Hin und Her normal ist und wir uns eher dann getäuscht vorkommen sollten, wenn alles immer nur geradlinig verläuft.

Da es ist wie es ist, müssen wir die Entwicklung auf den für uns wichtigen Gebieten im Auge behalten und bereit sein, unsere alten Paradigmen zugunsten neuer Paradigmen zu verwerfen.

UNBEKANNTE UNBEKANNTE

Es gibt noch einen weiteren Grund, aus dem der komplette Weg bis zum Ziel vom Startpunkt aus sehr wahrscheinlich noch nicht einsehbar ist: die *unbekannten Unbekannten* – Dinge, die man noch nicht weiß, und von denen man auch (noch) nicht weiß, dass man sie nicht weiß.

Der Begriff der unbekannten Unbekannten bekam im Jahre 2002 einige mediale Aufmerksamkeit, als ihn der damalige US-amerikanische Verteidigungsminister Donald Rumsfeld in einer Erklärung bezüglich des Fehlens von Beweisen für Massenvernichtungswaffen im Irak verwendet hat: "Es gibt bekanntes Bekanntes; es gibt Dinge, von denen wir wissen, dass wir sie wissen. Wir wissen auch, dass es bekannte Unbekannte gibt: Das heißt, wir wissen, es gibt Dinge, die wir nicht wissen. Aber es gibt auch unbekannte Unbekannte – Dinge also, von denen wir nicht wissen, dass wir sie nicht wissen."

Es liegt in der Natur der Sache, dass es nicht möglich ist, über aktuelle unbekannte Unbekannte zu sprechen, denn diese können wir per Definition nicht kennen und damit auch nicht benennen. Wir können uns nur über ehemalige unbekannte Unbekannte unterhalten.

Bevor die Radioaktivität gegen Ende des 19. Jahrhunderts entdeckt wurde, war Radioaktivität für die gesamte Menschheit eine unbekannte Unbekannte. Man wusste einfach nicht, dass es so etwas geben könnte. Einigen der Pioniere auf dem Gebiet der Radiologie wurde die Radioaktivität sogar zum Verhängnis, denn aus Unwissenheit über die Wirkung der Radioaktivität, schützten sie sich bei ihren Experimenten nicht gegen die tödliche Strahlung. Zumindest am Anfang hätten sie auch gar nicht wissen können wie sie sich hätten schützen können. Heute ist die Radioaktivität eine Selbstverständlichkeit. Anfang des 21. Jahrhunderts wird in Europa rund ein Drittel der elektrischen Energie aus Kernkraft gewonnen.

Vor der ersten Beobachtung von Bakterien waren diese kleinsten Lebewesen unseres Planeten ebenfalls unbekannte Unbekannte. Menschen, die an bakteriellen Infektionen erkrankt waren, mussten sterben, da man nichts über Bakterien wusste, geschweige denn ein wirksames Mittel dagegen bekannt war. Auch Antibiotika waren noch eine unbekannte Unbekannte. In den letzten Jahrzehnten konnte die Wissenschaft viele neue Erkenntnisse über Krankheiten, den Menschen und das Leben an sich gewinnen, die ohne die Entdeckung von Bakterien unmöglich gewesen wären.

Es gibt noch viele weitere Beispiele für ehemalige unbekannte Unbekannte, und es wird wohl auch in Zukunft noch viele neue Beispiele geben, Dinge die wir uns heute gar nicht vorstellen können.

EIN BISSCHEN LERNEN IST GEFÄHRLICH

Unbekannte Unbekannte kommen nicht nur auf globaler Ebene vor, sondern insbesondere bei einzelnen Menschen. Für einen Neugeborenen ist die ganze Welt eine unbekannte Unbekannte. Im Alltag von uns Erwachsenen spielen unbekannte Unbekannte interessanterweise kaum eine Rolle. Das gesamte Konzept wird von unserem Gehirn bei der Urteilsfindung und bei Entscheidungen weitgehend ignoriert.

Unser schnelles Denken funktioniert nach einem Prinzip, das der Nobelpreisträger Daniel Kahneman mit dem Ausdruck "what you see is all there is" beschrieben hat. Die Geschichte, die uns unser Gehirn erzählt, wird immer nur aus denjenigen Zutaten gekocht, die aktuell zur Verfügung stehen. Unser Denkorgan achtet zwar darauf, dass die Geschichte kohärent, also in sich stimmig ist, das heißt, es würde uns niemals einen Obstsalat mit Radieschen vorsetzen, aber es hat keine Skrupel, eine "Suppe" zu kochen, die nur aus klarem Wasser besteht. Es fragt uns niemals nach weiteren Zutaten.

Das Bewusstsein wird vom schnellen Denken nur dann rekrutiert, und kann daher auch nur dann das eigene Unwissen erkennen, wenn sich die vorhandenen Zutaten nicht (automatisch) zu einem kohärenten Bild zusammenfügen lassen: "Ich habe hier Äpfel, Birnen, Bananen, Erdbeeren und Radieschen – was soll ich damit mache?"

Die Wahrscheinlichkeit, dass es Ungereimtheiten gibt, ist umso größer, je mehr Zutaten zur Verfügung stehen. Im Umkehrschluss bedeutet das, dass diejenigen, die an eine viel zu einfache Geschichte glauben, diese von ihrem schnellen Denken automatisch vorgesetzt bekommen haben, ohne dass ihr bewusster Kontrollmechanismus aktiviert wurde.

Die Schuld des Dilettanten besteht nicht darin, dass er die Zusammenhänge zu einfach sieht, sondern darin, dass er sich nur oberflächlich informiert hat. Der englische Dichter Alexander Pope schrieb in seinem "Essay on Ciritcism" schon Anfang des 18. Jahrhunderts:

> "A little learning is a dangerous thing;
> Dring deep, or taste not the Pierian spring:
> There shallow draughts intoxicate the brain,
> And drinking largely sobers us again."

Auf Deutsch übersetzt:

> "Ein bisschen lernen ist ein schlechter Appell.
> Trink viel oder gar nichts vom Pierischen Quell.
> Wo seichte Schlucke vergiften den Geist,
> und starkes Trinken ernüchtert uns meist."

Der Halbgebildete ist schlimmer als der Unwissende! Die Pierische Quelle kommt aus der griechischen Mythologie und ist ein Synonym für das Lernen. Aus dieser Quelle zu trinken, kann intellektuelle Erleuchtung bringen. Alexander Pope vergleicht die Aneignung von Wissen mit dem Trinken aus der Pierischen Quelle. Nur ein kleines Schlückchen zu nehmen, entspricht der Aneignung von Halbwissen. Halbwissen trübt die Sinne und vernebelt den Geist; es verführt uns leicht dazu, zu glauben, wir seien bereits Experten, obwohl wir in Wahrheit doch nur Dilettanten sind. Nur durch das Weitertrinken wird der Geist wieder klar. Ein echter

Experte kennt die Grenzen seines eigenen Wissens und weiß, dass er vieles (noch) nicht weiß.

IN KLEINEN SCHRITTEN ZUM ERFOLG

Wie kann man nun all die Ideen und Ratschläge aus diesem Buch in die Praxis umsetzen? Es ist nicht empfehlenswert, einfach alles aus diesem Buch blind zu übernehmen. Das wäre kontraproduktiv.

Ich bin davon überzeugt, dass du die besten Resultate erzielen wirst, wenn du ganz bewusst nur eine einzige Sache aus diesem Buch auswählst, und diese in die Tat umsetzt. Erst wenn diese eine Sache sitzt, solltest du dir die nächste Sache vornehmen. Und so weiter.

Eine sehr gute Methode zum Setzen und Einhalten von Prioritäten stammt von dem Milliardär Warren Buffett: Man erstellt eine Liste mit den zwanzig wichtigsten Zielen und sortiert diese nach ihrer Wichtigkeit. Das Ziel an Position eins der sortierten Liste ist dasjenige Ziel, an dem man aktiv arbeitet. Das Arbeiten an den Zielen auf den Plätzen zwei bis zwanzig ist strikt verboten.

Mit einer der wichtigsten Gründe, warum es für die meisten Menschen so schwer ist, vom Fleck zu kommen, besteht darin, dass sie zuviel auf einmal wollen. Die Kunst besteht aber darin, in kleinen Schritten auf das Ziel zuzugehen. Man sollte immer nur eine Veränderung bewusst anstreben, und man sollte eine Gewohnheit aus der Veränderung machen. Am Anfang ist es wichtig, die Gewohnheit zu bilden und zu festigen. Nur Dinge, die wir wiederholt tun, ziehen nachhaltige Veränderungen nach sich. Leistung wird erst wichtig, nachdem die entsprechenden Verknüpfungen im Gehirn entstanden sind.

Wenn man sich eine neue Denkweise oder Tätigkeit zur Gewohnheit machen möchte, ist es besonders wichtig, dass man in der Anfangszeit nur positive Erfahrungen mit der neuen Gewohnheit macht. Viele Menschen, die sich zum ersten Januar eines jeden Jahres vornehmen, mehr Sport zu treiben, machen den Fehler und übertreiben in der Anfangszeit maßlos. Sie stemmen zu schwere Gewichte und machen so negative Erfahrungen. Auf diese Art und Weise bringen sie das eigene Unterbewusstsein gegen sich selbst auf. Sie erzeugen eine negative weg-von-Motivation gegen die Dinge, die sie eigentlich tun wollen. Fast alles menschliche Verhalten kann damit erklärt werden, dass es der Lustbefriedigung oder dem Vermeiden von Schmerzen dient. Wer sich selbst Schmerzen zufügt, indem er mit dem Training übertreibt, zerstört sich seine Motivation.

Es kann vorkommen, dass eine neue Tätigkeit zunächst keinen Spaß macht. In diesem Fall ist Hoffnung erlaubt, denn wir Menschen empfinden Dinge und Tätigkeiten als umso positiver, je mehr wir ihnen ausgesetzt sind. Mit der Zeit wird alles besser. Psychologen ist dieser Effekt unter der Bezeichnung *Mere Exposure-Effekt* bekannt.

Die Umsetzungsstrategie 30-TAGE-MOTIVIERTER-FOKUS

Da es vielen Menschen schwerfällt, in die praktische Umsetzung des (theoretisch) erworbenen Wissens zu kommen, habe ich – einige Monat nach der ersten Veröffentlichung meines Buches *Erfolg durch Fokus und Konzentration* – ein Trainingsprogramm entwickelt, das dich 30 Tage lang an die Hand nimmt, bis dir die neuen Verhaltensweisen zu einer Gewohnheit geworden sind. Das Trainingsprogramm heißt 30-TAGE-MOTIVIERTER-FOKUS. Weiter Infos findest du hier:

https://www.habitgym.de/30-tage-fokus/

(Als Leser dieses Buch erhältst du 30% Rabatt. Nutze dafür den Rabatt-code FOKUS.)

WIE ES WEITER GEHT

An dieser Stelle noch einmal vielen Dank dafür, dass du dieses Buch gekauft und gelesen hast. Als kleinen Bonus möchte dir noch ein völlig kostenloses und unverbindliches Angebot machen und dich um einen kleinen Gefallen bitten.

MEIN ANGEBOT

Ganz alleine etwas zu verändern ist schwer. In Gruppen von Gleichgesinnten klappt es deutlich besser, und es macht auch sehr viel mehr Spaß. Ich habe daher eine geschlossene Facebook-Gruppe für die Leser meiner Bücher gegründet, in die ich dich herzlich einladen möchte. Ich werde dort relevante Inhalte zu den Themen dieses Buches veröffentlichen. Außerdem wirst du dich mit Gleichgesinnten austauschen und mir Fragen zum Thema stellen können.

Link zur Facebook-Gruppe:
www.facebook.com/groups/1343542409022574/

Leserfragen werden von mir in Form von Videos beantwortet. Du findest die Videos auf meinem Kanal bei YouTube und in der Facebook-Gruppe.

Link zum YouTube-Kanal:
www.youtube.com/c/HabitgymDe

WIE DU MIR HELFEN KANNST

Ich wäre dir für immer dankbar, wenn du eine ehrliche Rezension zu diesem Buch bei Amazon hinterlässt. So erfahren auch andere Interessierte, wie das Buch ankommt, und du hilfst mir dabei, meine Bücher zu verbessern. Die Entscheidung, ob und was du schreibst, triffst du natürlich selbst.

Gehe dazu auf die Verkaufsseite zu diesem Buch, scrolle hinunter zu den Rezensionen und klicken dort auf den Button „Kundenrezension verfassen". Anschließend wirst du gebeten, den Inhalt des Buches mit ein bis fünf Sternen zu bewerten und einen Text zu verfassen. Ein Zweizeiler genügt. Mehr ist wirklich nicht zu tun.

Ich danke dir für deine Unterstützung!

BUCHTIPPS

Empfehlenswerte Bücher zum Thema findest du hier:
https://www.HabitGym.de/buchtipps/

HAFTUNGSAUSSCHLUSS

Die Inhalte dieses Buches wurden sorgfältig und besten Gewissens recherchiert und zusammengetragen. Sie spiegeln die persönliche Meinung und Erfahrung des Autors wider. Der Autor übernimmt daher keine juristische Verantwortung oder Haftung für Schäden, die durch eventuelle Fehler oder nicht kompatible Lebensumstände entstehen. Trotz sorgfältigen Lektorats können Rechtschreib- oder Grammatikfehler vorhanden sein.

QUELLEN

EINLEITUNG

Digitalisierung und Automatisierung

Martin Ford, Aufstieg der Roboter, ISBN: 3864703522

Andrew Keen, Das digitale Debakel, ISBN: 3421046476

Thomas Schulz, Was Google wirklich will, ISBN: 3421047103

Bildungsrendite

http://www.faz.net/aktuell/finanzen/meine-finanzen/vermoegensfragen/die-vermoegensfrage-bildung-ist-die-geldanlage-mit-den-hoechsten-renditen-12193610.html

http://www.zeit.de/gesellschaft/schule/2010-01/oecd-bildungsausgaben/seite-2

http://ftp.zew.de/pub/zew-docs/gutachten/Ertraege_BildungsinvestitionenZEW2014.pdf

Lebenserwartung und Bildung

http://www.faz.net/aktuell/wirtschaft/lebenserwartung-von-armen-und-reichen-in-sozialen-schichten-13519176.html

https://www.mpg.de/468487/pdf.pdf

http://www.sueddeutsche.de/gesundheit/gesundheit-alt-werden-dank-geld-und-bildung-1.3496424

https://www.focus.de/gesundheit/gesundleben/antiaging/lebenserwartung_aid_264642.html

http://www.bertelsmann-tiftung.de/fileadmin/files/user_upload/Studie_Folgen_unzureichender_Bildung_fuer_die_Gesundheit.pdf

DER SINN DES LERNENS

Allgemein

Richard Dawkins, Das egoistische Gen, ISBN: 3642553907

E.O. Wilson, Die soziale Eroberung der Erde, ISBN: 3406645305

E.O. Wilson, Der Sinn des Lebens, ISBN: 3406681700

Robert Sapolsky, Behave, ISBN: 3446256725

Daniel Kahneman, Schnelles Denken, langsames Denken, ISBN: 3328100342

Jonathan Haidt, Die Glückshypothese, ISBN: 3867310963

Stephen Covey, Die 7 Wege zur Effektivität, ISBN: 3897495732

Gefühle

Thomas Bergner, Gefühle, ISBN: 3794529162

Joachim Bauer, Schmerzgrenze, ISBN: 3453602587

Anthony Robbins, Das Robbins Power Prinzip, ISBN:3548742262

(Un)Zufriedenheit

Barry Schwartz, Anleitung zur Unzufriedenheit, ISBN: 3430181933

Belohnungszentrum

https://www.dasgehirn.info/denken/motivation/schaltkreise-der-motivation

Ingo Schymanski, Im Teufelskreis der Luft, ISBN: 3794531159

Schule und Erziehung in einer freien Gesellschaft

https://www.youtube.com/watch?v=3IacQvz-AuM

ARTEN DES LERNENS

Allgemein

Gerhard Roth, Bildung braucht Persönlichkeit, ISBN: 3608980555

Konditionierung

https://www.dasgehirn.info/handeln/lernen/lernen-durch-verknuepfen

Soziales Lernen

https://www.dasgehirn.info/handeln/lernen/total-sozial

https://de.wikipedia.org/wiki/Sozialkognitive_Lerntheorie

Informativer sozialer Einfluss

https://de.wikipedia.org/wiki/Muzaffer_%C5%9Eerif#Forschung_und_Experimente

Konformität

https://de.wikipedia.org/wiki/Konformit%C3%A4t

Konformitätsexperiment von Asch

https://de.wikipedia.org/wiki/Konformit%C3%A4tsexperiment_von_AschDas

Falschmeldungen auf Twitter

http://www.spektrum.de/news/falschmeldungen-werden-auf-twitter-haeufiger-geteilt/1549833

Gatto: Verdummt noch mal!

http://content.schweitzer-online.de/static/catalog_manager/live/media_files/representation/zd_std_orig__zd_schw_orig/019/827/899/9783934719354_content_pdf_1.pdf

Memetik

http://geser.net/gesleh/ss06evo/Handout_Martucci2_06.pdf

GEDÄCHTNIS

Allgemein

Gerhard Roth, Bildung braucht Persönlichkeit, ISBN: 3608980555

Eric Kandel, Auf der Suche nach dem Gedächtnis, ISBN: 3570550397

Ray Kurzweil, How to create a Mind, ISBN: 0715647334

Matthew Walker – Why we sleep, ISBN: 0141983760

Hyperthymesie

http://www.spektrum.de/news/ein-fast-perfektes-gedaechtnis/1188923

Begeisterung

https://www.wertesysteme.de/begeisterung/

Neuroplastizität

http://www.gehirnlernen.de/gehirn/plastizit%C3%A4t/

Im Schlaf wird selektiert

https://www.dasgehirn.info/handeln/schlaf-und-traum/lernen-im-schlaf

Hippocampus

http://www.neuro24.de/show_glossar.php?id=731

Arbeitsgedächtnis

... Wir sind intelligenter als wir denken, ISBN: 3596198925

LERNEN IN DER PRAXIS

How we learn vs. how we think we learn

https://www.youtube.com/watch?v=oxZzoVp5jmI

Peter Sage - Learning to learn

https://www.youtube.com/watch?v=nacEN976D0g

Barbara Oakley talks at Google

https://www.youtube.com/watch?v=vd2dtkMINIw

Learn, how to learn – Tony Buzan

https://www.youtube.com/watch?v=QEokHNWf-Qg

WAS IST LERNBAR?

Allgemein

Alan F. Chalmers, Wege der Wissenschaft, ISBN: 3540494901

The Pierian Spring

http://userpage.fu-berlin.de/~ram/pub/pub_jf47ht81Ht/wort_a_little_learning_de

http://readytogoebooks.com/AP-EC55-2.htm

Printed in Germany
by Amazon Distribution
GmbH, Leipzig

16542970R00124